世界一の美食家が
知っていること

美食の教養

Live to Eat
A Foodie's Perspective on Gastronomy

浜田岳文

ダイヤモンド社

"Thou shouldst eat to live; not live to eat." ——Socrates

生きるために食べろ。食べるために生きるな　——ソクラテス

Live to eat, not eat to live

生きるために食べるのではなく、食べるために生きる

おいしいものを食べたい。

ほとんどの人間は、そんな本能を持っている。

一方で、こんなふうにも考えるだろう。

外食は楽しい一方、コスパを考えると後悔するときもある。
評判のいい人気店に行ったけど、外れだった。
そもそも、「おいしさ」の基準なんて人それぞれ……。

「最高においしい」と感動しなくても、
そこそこの味で腹が満たされればいい。
毎日3回も食事があるし、
適当に済ませるときがあってもいい――
そんな人が少なくないのではないかと思う。

でも、本当にそれでいいのだろうか？

食事をないがしろにしているとき、
少しだけ後ろめたさがないだろうか。

食事には、3つの段階がある。

①栄養摂取　②うまい　③美味しい

私たちが食事と向き合ううえで、
これらを明確に区別して定義したい。

①は生存としての行為、
②は本能としての欲求、
そして、
③は文化としての知的好奇心。

すべてを一緒に考えるから、
「食」の楽しみ方が見えなくなっていたのだ。

人は「栄養摂取」や「うまい」だけのために
飲食店に行くわけではないはず。

もちろん、1億人全員が
「食」に興味を持つ必要はない。
人生には、優先順位というものがある。

自分は、どんな食べ方を選ぶのか。
何に生きがいを求めるか？
そう、食事はその人の生き方をも表すのである。

これは、食通、グルメと
もてはやされたい人のためのガイドブックでは決してない。

誰かの基準に振り回されずに、食事を楽しみたい。
絶えず更新される「美味しさ」の秘密を知りたい。
食の最前線で活躍する人の創意工夫に触れたい。

この本は、食事を「栄養摂取」ではなく、
「人生を豊かにするための手段」として位置づける1冊である。

本書の教養を身につければ、
美食に対する誤解が解け、
知的体験としての食事が待っている。

レストラン、料理人、客、日本、世界。

食を取り巻くそれぞれの視点で
美味しさの背景を紐解いていく。

美食＝高級ではない。

美食は、文化をまるごと食べること。

いわば、食の文化人類学。

文化を創造し続ける料理人を愛してやまない、
美食家の思考を案内しよう。

美食の教養　目次

はじめに　なぜ、「美食」か　18
僕が考える「美食」の再定義　22
文化的価値があるものを評価するということ　25
「好き嫌い」と「良い悪い」を混同しない　27
高級店はなぜ高いのか　29
「美食＝高い」とは限らない　31
良い食材の罠　33
おいしいだけの料理の先にあるものは？　35
食の教養は、人生を豊かにしてくれる　39

第1章

人生を豊かにする 美食の思考法

GDPと食の豊かさは比例しない 44
アートとしての食 47
芸術家vs.職人 51
自分の好みで判断しない 53
国による味覚の違いをリセット 56
どれだけ考え抜かれているか——料理の評価 59
考えをどこまで体現できているか——シェフの評価 64
鮨から学ぶ美食の見方 67
『関ジャム』的に食べる 71

第2章

美味しさに出会う　美食入門

心得
まずはリラックスして楽しむ　82
安いジャンルのトップに行ってみる　86
段階を踏まないとわからない味　90
1人でも歓迎してくれる店は多い　92
店選び
情報収集はソースの特性を理解しておく　98
「食べログ」をどう使うか？　108
料理人のパスポートである「ミシュランガイド」　112
「世界のベストレストラン50」は美食のオリンピック　117
玉石混淆だが、速報性に優れた「Googleマップ」　120

「インスタグラム」の美食使いこなし術 122
参考にならない？　口コミの盲点 126
僕のレストラン選びの結論 129
予約が取れないお店に行く方法 133

食べ方

コースか、アラカルトか 137
食べ歩きのプランニングガイド 141
同じ時期に同じ食材を食べる 146
発展途上のノンアルコールペアリング 149

評価軸

料理を味わうのは、皿の上だけではない 154
レストランにおける最適ＢＧＭ論 157
ライティングは大事な盛り上げ役 160
「化学調味料」の是非 163
ＳＮＳはどう発信すべきか？ 167

第3章

食から国の素顔が見えてくる 世界の料理総まとめ

ガストロノミーの基盤となるフランス料理 182
伝統と革新が両立するイタリア 186
クリエイティビティと食材豊かな美食大国スペイン 190
「まずい国」の汚名返上するイギリス 197
ニュー・ノルディックで激変した北欧 204
なぜ、アメリカで美食は厳しいのか？ 209
未知なる食材や文化に出会えるラテンアメリカ 214
知り尽くすには広すぎて深すぎる中国 222
アメリカで大ブームになっている韓国料理 226
エクスパットとともに成長したタイのバンコク 230
第二のバンコクになる可能性を秘めたドバイ 235
頭角を現し始めるアジア諸国・地域 239

日本は世界一の美食大国なのか？ 242

第4章

美食家なら知っておきたい グルメ新常識

間違って使われがちな「ヌーベル・キュイジーヌ」 254
だまされないための白トリュフの教養 256
海外で大人気のWAGYUと迫りくる危機 261
イタリア料理＝トマト、オリーブオイル、パスタだけではない 266
日本人が知らないピッツァの進化 269
パエリアはスペイン料理の定番なのか？ 272
サン・セバスティアンを訪れるなら「アサドール」へ 276
あえて熱々にしない文化がある 278

第5章

一流料理人の仕事

美食を生み出す

一流レストランと料理人に共通すること 292
「京味」が教えてくれた価値観 299
作り手と食べ手の情報格差を埋める 303
技術を味わえるのがプロ 307
料理人が絶大な信頼を置く魚介とは？ 312
日本の野菜が生食に向かない理由 314

僕が尊敬するシェフたち

デンマーク「ノーマ（Noma）」レネ・レゼピ シェフ 321
デンマーク「アルケミスト（Alchemist）」ラスムス・ムンク シェフ 323
スペイン「アサドール・エチェバリ（Asador Etxebarri）」ビクトル・アルギンソニス シェフ 325

イタリア「アトリエ・モエスマー（Atelier Moessmer）」
ノルベルト・ニーダーコフラー シェフ ―― 327
イタリア「リストランテ・ウリアッシ（Ristorante Uliassi）」
マウロ・ウリアッシ シェフ ―― 328
ペルー「セントラル（CENTRAL）」
ヴィルヒリオ・マルティネス シェフ ―― 330
中国「新栄記」張勇 シェフ ―― 332
東京「鮨さいとう」齋藤孝司 さん ―― 334
富山「レヴォ（Cuisine régionale L'évo）」谷口英司 シェフ ―― 337
金沢「片折」片折卓矢 さん ―― 339

第6章 美食の未来予測 私たちは何をどう食べるのか

レストランの二極化が加速する ―― 342
「円安」「インフレ」「インバウンド」で変わる日本の外食 ―― 345

世界のトレンド「プラントベース」とは何か？ 348
深刻な人材不足と働き方改革 351
マグロとジビエに学ぶ、食材の未来 355
生産者に求められるマーケットの視点 361
今、地方が面白い！ 365
サステナブルに食べる 370

おわりに

フーディーとして生きるということ

フーディーとして生きるということ 374
背伸びのすすめ 374
フーディーという生き方 377
知的好奇心の奴隷 380

いい客になるための美食講座

1. テーブルマナー

1. テーブルマナー
気にすべきこと、気にしなくていいこと 74
料理の撮影は許可を得るべきか？ 78

2. 礼儀
予約時間を守る 175
迷惑な行動をしていないか 178
他の店の話をする是非 179

3. オーダー
「どれがおいしいですか」と聞いても意味がない 248
言葉が通じない国でも食べたいものを選ぶ方法 250

4. 常連
通い続けることの大切さ 280
適切な来店頻度を守る 282
カッコ悪い常連客が陥る行動 284
フィードバックは人間関係ができてから 287

巻末特典
世界のベストレストラン50に載っていない
世界の注目すべきレストラン50 388

はじめに

なぜ、「美食」か

フーディーという言葉をご存じでしょうか。

平たくいえば、世界中を飛び回り、現地の美味しい店で食べる、これを日常的に繰り返している人たちのことです。僕自身、まさにこのフーディーという生き方をしている1人です。

これまで南極から北朝鮮まで、世界127カ国・地域で食べ歩いてきました。その体験を、自分のSNS含む国内外のメディアで発信しています。

2017年度には「世界のベストレストラン50」（The World's 50 Best Restaurants／後に詳しく解説しますが、1000人強の投票によって世界ベスト50のレストランを選ぶアワードです）のすべての店を訪れたのですが、翌2018年度から6年連続で、「OAD世界のトップレストラン（OAD Top Restaurants）」のレビュアーランキングで、第1位にランクインされることになりました。現在でも、好奇心の赴くままに世界中を旅して食べ歩いています。

食についての考え方は、人それぞれだと思います。栄養補給ができればいい、お腹がいっぱいになればいいという人もいるでしょう。僕は今、サービスアパートメント（家具家電付き・清掃サービスありのアパート）に住んでいますが、入居するときにすべての家具を処分しました。元々家具は好きで、オーダーで作ってもらったりするくらいだったのですが、今のライフスタイルになって自分で部屋の維持管理が不可能になったので、好きな家具に囲まれた生活を諦めました。何かひとつのことを追い求めようと思うと、他のことを犠牲にせざるを得ないこともあります。なので、食事を楽しむ時間があれば、自分が熱中している他のことに使いたい、というのはある意味共感できる生き方です。

食べるのが好きという人でも、その多くは、「うまい」がプライオリティになっているのではないかと思います。高級だったり希少だったりする食材や、まずくなりようがない旨味の強い食材。そして、それらをふんだんに使った料理に興味がある。音楽でいうと、いかに耳当たりがよいか。ビジュアルアートでいうと、いかに美しいか。普段本業で疲れているのだから、おいしいものを食べるときくらい、何も考えずに楽しみたい、こういう向きもあるでしょう。

あるいは、食事は、友人と豊かな時間を過ごすためのお供だったり、接待で取引先を喜ばせて商談につなげるためのツールかもしれない。僕の周りには、何を食べるかではなく、誰と食べるかが大事、という人も多いです。これも、ひとつの考え方としてありだと思います。

食事に興味がある人の中でも、自分で作って食べるのが好きだったり、誰かに料理を振る舞うのが好きという人もいます。これもまた、料理をしない僕からしたら素敵だと思います。その他、外食するとしても、お店の雰囲気で選ぶ人がいれば、価格帯で選ぶ人もいる。同じものを食べ続ける人もいれば、未知のものを食べてみたい人もいる。いろんな食への関わり方があっていいと思います。

僕自身は、食の中でも外食に興味を持っています。そして、食を通して料理人というクリエイターの作品を鑑賞し享受することを目的にしています。僕は音楽も食と同じくらい好きなのでよくライブやフェスに行くのですが、アーティストのパフォーマンスを鑑賞して楽しむのと同じ感覚で、レストランで料理人の料理をいただいています。食だけじゃなく音楽でもビジュアルアートでも同じですが、自分にはないオリジナリティを自分自身が作った作品から感じるということは、偶然の産物でない限りありませんよね。なので、誰かが作る食事にしか興味がありません。

なぜ、そういう欲求が強いのか。それは僕自身、クリエイティビティが欠如しているからだと自己分析しています。オリジナリティがあるものを作り出す能力がないというだけではありません。自分で作ることを楽しいと思えない。僕より優れたクリエイターが作るものを享受することのほうが、圧倒的に喜びを感じられるんです。

映像プロデューサーの東市篤憲《とうしあつのり》さんと先日一緒にスキーに行ったんですが、彼は去年からスキーにハマった結果、ニセコや野沢温泉の古い物件を買い、自分でリフォームして素敵な宿に変身させています。プライベートでも、何かを作り上げることに喜びを感じている。僕はその彼が作った宿に泊まって楽しむことに喜びを感じている。

全く対照的です。自分にはない資質を持っているからこそ、オリジナリティのあるものを世の中に生み出せるクリエイターに、絶大な敬意を抱いています。

端的にいうと、僕は外食に特化していて、料理からクリエイティビティを享受するために食べている。同時に、人それぞれ人生の優先順位が異なり、食をどう位置づけるかも違うので、そうでない食との接し方を否定するものでは全くありません。いずれにしてもいえるのは、食は生物として生まれてきた限り、関わらざるを得ないものだ、ということです。そして、一生のうち、食べられる回数は限られています。僕は、その1回1回を大切にし、好奇心が満たされる文化的にも有意義な体験にしたいと思っていますが、あなたはどうでしょうか？

この本は、世界中を食べ歩いている僕の経験に基づき、より深く豊かに食を楽しむための案内となっています。食に興味がある方はもちろん、他のクリエイティブの分野に興味がある方にも楽しんでいただけるのではないかと思っています。

僕が考える「美食」の再定義

美食という言葉だけを捉えると、贅沢なもの、というイメージにどうしてもなってしまう。また、「美」とついていると、「美しい」という価値観が含まれてしまうので、そこに抵抗を感じる人もいるかもしれません。

その意味では、僕が伝えたいことを正確に表現するなら、「ガストロノミー(Gastronomy)」といい換えてもよいかと思います。Wikipediaによると、ガストロノミーとは「食事と文化の関係を考察することをいう。料理を中心として、様々な文化的要素で構成される。すなわち、食や食文化に関する総合的学問体系」。ガストロノミーには「美」という意味合いはなく、ニュートラルな言葉なのです(ただ、日本では横文字でまだ馴染みの浅い言葉なので、本書はこの「ガストロノミー」という意味で「美食」という言葉を使います)。

僕にとっては、この文化の要素が含まれる「美食」がものすごく大事です。文化的に食べる。先に定義した、「うまい」だけではない「美味しい」を探求する。これが本書の美食の再定義です。

僕は、単にものを食べるのではなく、ものの背景にある歴史だったり、文化だったり、そういうものを感じながらいただきたいと思っています。大げさにいえば、食の文化人類学。つまり、食べるという行為を通じてさまざまな社会や文化について理解を深め、知的好奇心を満たす、ということです。

口に入れ、消化し、体を動かすエネルギーに変わる、だけだと、僕自身は食べることの意味をあまり感じられません。生きていくという意味では大事なことですし、健康を害してしまったら元も子もありませんが、それでもどうせ食べるなら、ただ口に入れるだけにはしたくない。生きていくための食事と、文化としての食事は別に語られるべきと思います。もとより人間は、肉体的だけではなく、精神的にも健康に生き続けるために、文化を必要としています。文化的に生きてこそ、人間だと僕は思うのです。

美味しいものを食べるという喜びがあることは、人生を豊かにする。しかし、だからといって、ただ単に美味しいと評判の店に行けばいいということにはならない。美味しさがゴールではなく、どう美味しくしているのか、なぜその地で食べるのか、どんな歴史的な背景があるのか、どんなストーリーがつむがれているのか……。そういうものをちゃんと含めて楽しむことが、文化的に食べるということだと思うのです。そしてそれこそが、「ガストロノミー＝美食」が重要な理由になるのだと思います。

文化的価値があるものを評価するということ

食に限ったことではありませんが、文化的価値の評価は、簡単ではありません。定量的に図ることはできませんし、客観的な基準があるわけでもありません。では、すべてのものは等しく価値があって、優劣はないのでしょうか？　僕は、そうではないと思っています。素人の僕が適当に作ったラーメンと、東京最高峰のラーメンが、文化的価値という観点で等しいはずがない。これは、多くの方に共感していただけると思います。

絶対的な基準は存在しないとしても、少なくともその時代とそのコミュニティにおける価値観というのはなんとなく共有されていて、それに基づく優劣は存在します。もちろん、これは不変のものではありません。時と場所が変われば価値基準は異なるのは自明です。また、その共有されている価値観に違和感を感じる人がいるのも当然です。ただ僕が強調したいのは、だからといって相対主義に陥り、文化的価値の評価を放棄すべき、とはならないということです。

料理人含めクリエイターは、新しいものを作り出したり、今あるものをより良くしたりするために、日夜努力しています。その結果として、僕のようなそれを享受する側が豊かな人生を送ることができています。クリエイターを応援するためにも、その業績にふさわしい評価をすることが大事だと考えています。ではどういう基準で評価すべきなのか。それは後ほど解説したいと思いますが、ここでは、絶対的なものでなくても、なんらかの価値基準でクリエイティブを評価することの重要性を強調しておきたいと思います。

以前ある著名なジャーナリストと同席したときに、最近の鮨屋はたいしたことない、鮨なんて好みの問題でどこもそんなに変わらない、といい放っていました。彼は、都内屈指といわれている鮨屋は予約が取れないので最近行っておらず、ある老舗の鮨屋を贔屓にしている、とのこと。それを聞いて僕も訪れてみると、悪い意味で昔のまま、全くアップデートされておらず、愕然としたことがあります。

鮨なんて好み、という人は他にも多い。そういう人は、たとえ長年鮨を食べてきたとしても、漫然と口に入れているだけで何も感じ取れていないから、そういう考え方になるのだと思います。見るべきところがわかっていたら、その老舗の鮨屋を評価できるはずがない。純粋に好みの問題となるのは、本当に最高峰に到達している数軒の中でだけの話です。老舗でも常に研鑽を積んで向上心を持ち続けている店もありますが、その店は過去で止まっていた。つまり、そのジャーナリストは、最高峰のお店に行けなくて悔しいから他の人が挙げないお店に通っている通な自分というポジショニングを取りたかっただけ、もしくはノスタルジーを食べに行っているだけだと白状しているようなものです。

食べ手としての思考や教養が足りなかったり、感じ取る努力を放棄しておいて好みだというのは、日々研鑽を積む料理人に失礼です。一般の人が仲間内で何をいおうと勝手ですが、プロのジャーナリストとしては失格ではないでしょうか。

「好き嫌い」と「良い悪い」を混同しない

どのレストランが素晴らしいか、という話になったときに、唐突に自分が思い入れのある老舗の定食屋や居酒屋を挙げる人がいます。そんなことをいい出したら、それぞれみんな思い入れがある店はあって、思い入れに優劣はつけられないので対話になりません。それは単なる感想であって、普遍性がない。意見のやり取りを成立させることを放棄しているのです。そして、そういう誰かの思い入れのある店に行っても、それはその人がそのお店と歩んできた歴史を踏まえての良さであって、追体験できないのが関の山です。これも文化的に価値があるものを評価する、という視点からは真逆のスタンスです。

イタリア人がマンマの味が一番、というのと一緒です。これも個人的な思い入れを吐露しているに過ぎないのですが、真に受けると、人類は全員自分の母親に作ってもらうのが一番、プロの料理人は存在意義がない、となりかねません。

好き嫌いは、人間だから当然あります。ただ、それを良い悪いと混同してはならない。好き嫌いはあくまで個人の感想なので、否定されることはありませんが、同時に議論も成り立たない。感想を投げ合っているだけだからです。良い悪いは、価値評価です。だから、絶対的な価値基準がない中でも、議論のベースとなりうる。なぜいいのか、というロジカルな説明が生まれるし、確かにそうだ、いやそうではない、なぜなら……という議論につながるからです。

ビジネスなどでもそうですが、日本人はこれを混同しがちだと感じています。より良い方向にビジネスを進めるために知恵を出し合って意見を戦わせているのに、自分の意見を否定されたら、それを個人攻撃のように捉えて、感情的にこじれる。そしてそうなるのが嫌だから反対意見をいわない。皆さんも、こういう経験があるのではないでしょうか。

繰り返しますが、好み云々の話をするとしたら、それは技術や思考を突き詰めた後です。つまり、お店としてはどちらも最高峰に並び立つくらい素晴らしいけれど、方向性が違う、そういう状況です。逆に、そこまで達していないお店に関しては、良い悪いは厳然としてある。改善点がある。だからこそ、料理人はより良くしようと努力するのです。

高級店はなぜ高いのか

こんな問いかけをもらうことがあります。

「どうして何万円も払って、わざわざ高級レストランに行くのか？」

僕の妹は、美食に興味がありません。コース5万円の店に連れて行くと、チェーンの定食屋さんに100回行けるのに、と文句をいいます。確かに、500円の食事でもお腹は満たせる。妹は全財産を演劇につぎ込むような人なので、食は栄養補給の手段であり、おいしくないよりはおいしいほうがよい、という考え方なのでしょう。これはこれで、生き方としてありだと思います。

5万円のお店は何が違うのか。その価値がないのに5万円取っているお店は別として、いくつかの可能性があります。まずは、場所代（賃料）や店内の設え、人件費などにお金がかかっている店。そして、高級食材を使っている店。また、料理人の技術やアイデアが卓越している店もあります。

では、1万円の料理は1000円の料理の10倍美味しいのか。この比較自体ナンセンスではありますが、価格と美味しさは直線的に比例するわけではなく、高額になればなるほど限界的な美味しさは低減していくのが一般的だと思います。これは、技術やアイデアでも同様です。95％完成しているものを、時には一旦ゼロからやり直して100%を目指すことも辞さないのがクリエイター。結果的に96%に到達したとして、その1%にどれだけの労力と時間がかかっているか。だから、100%を目指してそれに近づけば近づくほど、1%の差分にかかる対価が大きくなり、価格と美味しさは比例しないのです。そして、この量的には小さいけれど、質的には大きい差分を理解し、評価するのが「美食」の考え方です。

「美食＝高い」とは限らない

僕は昼も夜も「ここで食べたい」と思った店に行きますが、数万円の店にしか行かないわけではありません。ハンバーガーやラーメン、蕎麦なども好んで食べに行きます。ただ、どのお店でもいいわけではない。それぞれのジャンルの中で、「行く価値があるお店」に行きます。

僕が思う、行く価値があるお店の定義は、シンプルにいえば、料理人が料理を突き詰めて考えている店です。

たとえば、ハンバーガーなら、東京・麻布十番「アルデバラン」。ハンバーガーショップの多くは、トレーニングを積んだ人であれば誰でもある程度作れるようにレシピ化しています。シフトを組んだり多店舗展開したりできるようになるからです。一方「アルデバラン」のハンバーガーは、店主の嘉屋《かや》実さんしか作ることができない、属人的な職人技の賜物です。これは、優劣というよりも、同じハンバーガーとはいえジャンルが違う、というべきかと思います。嘉屋さんは、パティを丁寧に焼き上げるので、一度に2つもしくは3つしか作ることができません。ビルド（ハンバーガーの構成）が緻密に計算されていて、食べるとそのバランスの良さと一体感に驚きます。これほど細部まで考え抜かれたハンバーガーは、世界でも稀です。

そして、ラーメンなら、「銀座 八五」。ほとんどのラーメンが一口目のインパクトを大事にしているのに対して、当店は食べ進めるごとに美味しくなるよう設計されています。1皿でコースを食べているかのような満足感もあります。

蕎麦なら、目白「蕎麦おさめ」。蕎麦粉の香りがしない看板倒れの蕎麦が当たり前の中、ちゃんと蕎麦粉の風味を楽しめる蕎麦を提供していて、初めて伺ったときは目から鱗が落ちる思いでした。また、十割蕎麦とは思えないコシは、ご主人の研究の賜物だと思います。

この3軒は、単に「行く価値があるお店」というだけでなく、そのジャンルの既存の常識を根底から覆し、新たな地平を切り拓いているパイオニアです。低価格を売りにしているお店よりは高額ですが、数万円する素晴らしいフレンチやイタリアンレストランに匹敵する美食を、数千円の前半で楽しむことができます。

良い食材の罠

料理というのは本当に面白いもので、良い食材を集めたら良い料理ができるかというと、必ずしもそうでないことがあります。

たとえば、牛丼。最高級の黒毛和牛に最高の米、最高の調味料を合わせたら、最高の牛丼ができるのでしょうか？　昔、芸能界屈指のフーディーとして知られる寺門ジモンさんと実験したことがあるのですが、最高の和牛を牛丼にすると、牛肉自体が繊細すぎて、パンチが弱くなってしまうのです。逆に、質が若干低くて雑味のある和牛や、輸入牛のほうが、牛丼としての完成度は高まったのです。もちろん、最高の和牛を使って牛丼として成立させる方法はありますが、その完成形は、みんながが牛丼として認識しない別物になる可能性が高いと思います。

鮨も同様です。鮨の学校に通って鮨職人としてもデビューしたフーディー兼実業家の本田直之さんから聞いたのですが、ほとんどの鮨屋は米と魚介にはこだわっているけれど、塩や醤油にはあまりこだわっていないそうです。それは、良い塩や醤油ほど個性が強いので、握りのバランスに影響を与えてしまう、ということでした。つまり、握りの完成度を追求すると、塩や醤油には脇役に徹してもらったほうがバランスが取りやすい、ということかと思います。

少し方向性は違いますが、たとえばいちごのショートケーキにも同じことがいえるかと思います。いちご以外の最高級フルーツを盛り込んだり、スポンジ生地に稀少な古代小麦や米粉を使ってこだわり抜いたとします。それで、ショートケーキとしての完成度は上がるでしょうか？　実際そういうものを食べたことがありますが、全くそうなっていないことがほとんどです。最上級の食材を合わせれば、最も良いものができるわけではない。それよりも、いちごのショートケーキとしての最上級の完成形をイメージし、そこから逆算して必要な食材を揃えるのが本来あるべき考え方だと思っています。

おいしいだけの料理の先にあるものは？

この5年ほどで、食に興味を持つ若い人が増えてきているように思います。それこそ数万円の高級店に行ったりすることが、趣味として認知されてきている。20代前半、中には学生もいます。

若くして財を成したり親のお金で食べ歩いたりしている人もいますが、中にはアルバイトをして貯めたお金で高級店に食べに行く人もいます。僕の食べ歩き仲間の1人も、地方に食べに行くときは交通費を抑え、時間を効率的に使えるよう、深夜バスで行ったりしています。

食への興味がその背後にある文化や歴史、社会への興味につながるのであれば、それは大変有意義なことだと思います。また、若い食べ手が若い作り手と呼応することで、新たな食文化が生まれるようであれば、料理の世界にとってもいいことだと思います。

反面、料理や食文化に向き合いたいという人たちだけではなく、単純に「うまい」という感覚的な快楽のために食べている人たちも増えてきているように思います。もちろん、感覚的においしいと思えることは大事なことです。脳が刺激される「うまい」は、料理が成立するうえで大事な要素です。しかし、食というのは、それだけではないという思いも同時にあるのです。

実際、うまいだけの料理を作るのは、それほど難しくありません。たとえば、料理の素人である僕が適当に茹でたパスタに最高級のキャビアを1缶どんとかける。間違いなく、「うまい」。まずくなりようがない。しかし、僕は、これを料理とはみなしていません。

優れた料理人の手によって、どこにでもある食材、誰にでも手に入る食材がびっくりするくらい美味しい料理として生まれ変わる。これこそ本当にすごいと思うし、感動します。こういう料理の背景には、シェフ独自のクリエイティビティがあったり、代々受け継がれてきた技術があったりする。ここにこそ、僕は魅力を感じるのです。

高級食材ももちろん食べます。ただ、それを使うことでより一層美味しくできるようでないと、料理人の付加価値はありません。たとえば、パリの名店「ル・クラランス（Le Clarence）」ではキャビアが使われていたのですが、なんとそのままの状態ではなく、すり潰してソースになっていました。キャビアを使っていますよ、とこれ見よがしにそのままの形で見せることなく、ソースにしてしまう度胸。そして、その結果としての料理の完成度の高さと、キャビアの用いられ方の必然性に感動しました。高級食材は、ただでさえ「うまい」のだから、これぐらいの確信と覚悟を持って使ってほしいものです。

逆に、東京の某有名日本料理店は、高級食材を多用するのですが、1＋1＝2どころか1・5の料理が頻繁に登場します。つまり、食材の組み合わせが掛け算になっていないどころか、足し算としてもマイナスになっているのです。このお店はレストランガイドで高評価を得ていますが、多分1・5が1より大きいから定量的には優れているということなのでしょう。ただ、僕はそういうお店に行くと、食材がもったいないと思いますし、1＋1が2・5や3になるような料理でないことにがっかりします。

食べ手が喜ぶからといって、まずくなりようがない食材を大して手もかけずに出すだけのお店は、自らの存在意義を否定しているともいえます。だって、わざわざ外食しなくても、同じ食材を家に取り寄せて食べればいい、となってしまいますから。

そして、享楽的なおいしさだけを追求していくと、リスクも待ち構えています。ここ数年、インフレや気候変動など複合的な要因で、食材の価格が高騰しています。たとえばズワイガニは、5年ほど前まで1杯が1万円ほどで食べられたものが、今や最高峰のものは時期によって数十万円します。こうなると、食べる機会が減ってしまうのは確実です。

あるいは、銀座の名店「すきやばし次郎」の小野二郎さんとお話ししたときに、昔は捨てていたようなマグロを今は使わざるを得ない、とおっしゃっていました。いくら食材の扱いや流通など人間が努力できる範囲内で進歩があったとしても、少なくとも魚介に関しては昔より美味しくなるということはなさそうです。そうすると、食材のポテンシャルに全面的に依存した料理も、同様に質が下がっていく危険性があります。

この現状を踏まえると、ただ「うまい」だけの料理を賞賛することには未来がないのは自明だと思います。今こそ、技術とアイデアで美味しくすることが大事であり、それが正当に評価される時代になっていくことを望みます。

食の教養は、人生を豊かにしてくれる

美食を趣味としている人の大半は、それぞれの分野で活躍している方です。経営者を含むビジネスリーダー、弁護士、医師、そしてアーティストなどクリエイティブな職業の方も多いです。これはなぜか。まず、クリエイターが他のクリエイティブのジャンルである食に関心を持つのは自然かと思います。また、自腹で食べ歩く費用を賄っているため、ある程度収入があるのが前提になるから、というのもあるかと思います。

僕は、さらにもうひとつ大きな理由があると思っています。それは、趣味を作る時間がないくらい本業が忙しい、というもの。特に、経営者や士業の方は多忙を極めている場合がほとんどですが、どれだけ忙しくても、人間は必ず食べるので、自

然とそれが趣味になりがちなのです。

食事会で何人か集まると、社会的には僕が一番付加価値が低い、という状況もしばしばあります。では、なぜ僕がそういう方々と同じ場にいることができるのか。それは、食という共通の興味でつながっているからです。

もちろん、ゴルフなど他の趣味でも似たことがいえるでしょう。ただ、食の場合、生きていくために関わらざるを得ないという意味において、最も間口が広く、世界中のどんな人とでもつながれる可能性を秘めていると思います。僕は社交が苦手なので食事会で同席した方と仲良くなることは少ないですが、それでも何十年も食べ歩いていれば食がきっかけで仲良くなった友人はたくさんいますし、仕事につながることもありました。

一方、海外に目を向けると、過去10年、発展途上国が経済成長を遂げた結果、豊かになった人が食に興味を持つ現象が世界中で見られます。特に、東アジアや東南アジアでその傾向が顕著だという印象を持っています。それらの国々の富裕層の中には、日本の名店を毎月予約していて、そのたびにプライベートジェットで来日する人までいます。標準的な日本人よりも遥かに日本料理や鮨に詳しい外国人も、いまや珍しくありません。アジアのビジネスエリートの間では、いくら稼いでいる、どんな贅沢品を持っている、よりも、日本の名店の予約を持っていることのほうが尊敬される、という状況さえ生まれていると聞きます。

僕は音楽業界にも仕事で関わっているのですが、トップアーティストにもグルメな人は少なくありません。あるアメリカの世界的アーティストがライブで来日した際は、本人の指定で銀座「すきやばし次郎」に食べに行っていました。

また、以前あるダンスミュージックのフェスのバックステージで、アーティスト向けケータリングをプロデュースしたときのことです。鮨と肉の名店にブースを出してもらったんですが、楽屋に運ばせることもできるのにわざわざＤＪ本人が食べに来てくれ、魚や肉について興味津々な様子でした。中には、僕の連絡先を聞いてきたＤＪもいます。こういう人たちと仲良くなれるのも、ひとえに食がつなぐ縁です。

世間からフーディーだと思われている人の中には、打算的に食べている人も多い。そういう人からしたら、あくまで食自体を起点にして、１人で長期間海外に食べに行くような非効率なことばかりしている僕は、理解できないでしょう。ただ結果的に、食がきっかけとなった出会いが僕の人生を豊かにしてくれていることは、間違いありません。

第1章

人生を豊かにする 美食の思考法

ＧＤＰと食の豊かさは比例しない

僕が食の世界に興味を持ち始めたのは、アメリカで過ごした大学時代でした。１９９０年代のアメリカは、食事が本当に美味しくなかった。今でも総じてレベルが高いとはいい難いですが、当時は本当にひどかった。

僕が過ごしたニューヘイブンという街はピザで有名なので、ピザだけは食べられましたが、パスタを食べようとしても、まともなイタリアンが街に一軒もなかった。当時はニューヨークでも、おそらく10軒もなかったのではないかと思います。

かつてイタリアから来た移民が住んだリトル・イタリーにも、アメリカナイズされたイタリア料理の劣化版しかなく、茹で過ぎて伸びきったパスタを、客がフォークでブツブツ切って食べているような店しかありませんでした。

そんな中、誕生日などの記念日に、当時ニューヨークで最高峰といわれていたお店に行くことがあり、「ああ、美味しい料理って、すごくいいものなんだなぁ」と思ったのでした。いいお店、ちゃんとしたお店に行く意味を、強く実感したのです。

食文化は、経済が豊かな国ほど豊かなわけではありません。実際、世界127カ国・地域を回りましたが、1人当たりGDPとその国の食文化は必ずしも連動しないと実感しました。

もちろん、極端に貧しかったら、さすがに食文化などとはいってはいられず、生きるために食べなければいけない。しかし、生死をかける状況を抜け出した国においては、相関関係は高くない。また、経済的に豊かになった結果、一部の富裕層が食にお金を使うようになって美味しいレストランが生まれるというパターンもありますが、そういう国は特定少数のレストランを除いては美味しくないままなので、食文化が全体的に底上げされた、とまではいえないと思います。

経済的に豊かでなくても美味しい国はあるし、1人当たりGDPが高くてもまずい国はまずい。これは、その国の文化の中におけるプライオリティの問題なのだと思います。何が人生において重要なのか、そして何にお金を使うのか、です。

たとえば、今や日本を追い抜いてGDP世界3位となった経済大国ドイツ。中でもミュンヘンはドイツの中でも最も裕福な地域であり、「自分たちが他の地域を経済的に支えているのだ」というプライドがあります。食においても頑張っていて、昔は世界有数のミシュラン三つ星レストランがあったし、最近は三つ星や二つ星を獲得する若い世代のシェフたちが力を合わせてレストランシーンを盛り上げている。

しかし、ミュンヘンのあるバイエルン地方と、フランスのアルザス地方の国境に面していて高級リゾートが多いシュヴァルツヴァルトを除けば、美食の名に値する美味しい店は全土で数軒しかありません。

ドイツ北部に行くと悲惨で、ベルリンなど世界的な街なのに、美味しい店は本当に少ない。ガストロノミーを追求するレストランが意欲的な料理を提供していても、席が埋まらず、結局閉店を余儀なくされる。地元の人は、お金はあっても、食には使わないからです。

ドイツ人は半分冗談半分本気で、高級なオリーブオイルを買うよりも、高級な車のオイルを買うのにお金をかける、といったりします。もちろん全員ではありませんが、これは彼らの人生における優先順位を示すエピソードだと思います。

一方、1人当たりGDPで第140位前後のカンボジア。経済は急成長しているものの、レストランに関しては事前情報がほぼない中、一昨年訪問しました。現地で働く日本人に聞いたおすすめの店を回ると、どこも水準が高く、驚きました。

カンボジアは、ポル・ポト時代の大虐殺で文化の継承が断絶したのですが、焚書を免れた昔の料理本などから伝統的クメール料理を再構築する試みが行われています。また、ストリートフードも充実しており、満足のいく滞在となりました。

アートとしての食

僕がここまで食を突き詰めることになったのは、何かひとつのことに興味を持ったら、どんどん深掘りしていきたいというハマり体質も大きいと思います。

実は、僕は食と同じくらい音楽も愛しています。中学・高校時代は、主にイギリスのロックやダンスミュージックにハマっていて、毎週CDを数枚借りてカセットテープにダビングする、という生活を送っていました。アメリカの大学時代はクラシック音楽にハマり、在学中の3年半で集めた中古CDは5千枚以上に。近くのニューヨークまで月2回はコンサートを聴きに行ったり、夏休みにはヨーロッパを旅して世界的に有名なザルツブルグ音楽祭やBBCプロムスで世界有数のオーケストラの演奏を鑑賞しました。一方でダンスミュージックも引き続きハマってて、ベルギーのトゥモローランド、アメリカのウルトラ・ミュージック・フェスティバルなど、世界中のフェスに行ったりしています。

僕にとって、食も音楽も、ひいてはビジュアルアートや演劇も、すべてが芸術です。特に区別なく、同じ目線で楽しんでいます。「はじめに」でも触れましたが、耳で音楽を聴いたり、目でビジュアルアートを観たりするのと同様に、口で料理を味わっている感覚です。正直、僕の中では喉元を通れば食事という鑑賞行為は終わっているので、胃に入らないでほしい（お腹が膨れるので）と思うくらいです。

食と音楽とビジュアルアートを比較すると、どれもクリエイティブのジャンルではありますが、芸術性を突き詰めるうえでの違いがあります。ビジュアルアートが最も先鋭的で、続いて音楽、そして食は最も保守的にならざるを得ません。どういうことか。

ビジュアルアートの中でも現代アートは、何よりメッセージ性が重要になります。作品として美しい必要はないし、なんなら嫌悪感をもたらすものすら多いです。食の三段階でいうところの「うまい」がなく、「美味しい」だけでも成立している分野です。

音楽は、19世紀末以降、調性の制約から離れていきます。無調音楽の時代になるかと思いきや、そうならず、逆に20世紀半ば以降は現代音楽でも調性が復活する傾向にあります。食の三段階でいうと、「美味しい」だけのものもなくはないが、基本は「美味しい」を大事にしつつ、「うまい」も若干は必要、というところかと思います。

食は、口に入れるという時点で大きな制約が課せられています。いくらメッセージ性が素晴らしくても、体に悪いものを口に入れると、下手すれば死んでしまう。よって、まず安全でなければならないという最低条件があります。また、「うまい」を満たさない食事は、なかなかレストランとして成立しません。スペインに「うまい」を目指していない「ムガリッツ（Mugaritz）」という先鋭的なレストランが一軒ありますが、世界でもそこくらいでしょう。結局、食は「うまい」を踏まえつつ、いかに「美味しい」を追求するか、ということになり、最も保守的なジャンルとなるのです。

クリエイティブのジャンルとしての食には、もうひとつ特徴があります。それは、スケールしづらいという点です。

音楽は、マイクなしでも数百人、マイクを使えば1人で数万人を同時に相手にすることができます。また、生演奏ではないものの、ラジオやテレビのライブ中継で何億人が同時にライブ鑑賞することもできる。録音なら、世界中の人がいつでも聴くことができます。

絵画も同様で、美術館に展示されれば1日に数千人が観ることができますし、画像としてインターネットや印刷物で公開されれば世界中の人の目に触れることも可能です。

食は、大量生産される食品は世界中で販売されてはいるものの、本書のテーマである料理人が作る料理という意味では、その料理人のキャパシティという限界があります。一度に作れる人数は限られていますし、実際にレストランを訪れるか、もしくは料理人に来てもらうかして、作ってもらうしかない。そのキャパシティを超えようと思うと、料理をレシピ化して他の料理人に作ってもらうか、もしくは工場で作れるようにして販売するなど、自分の手を動かさない方法を考えるしかないということになります。

先日、水曜日のカンパネラのケンモチヒデフミさんとこの会話をしました。僕は、これが料理人として経済的に成功するうえでの制約、と捉えていたのですが、ケンモチさんの見方は違っていました。今の時代、音楽は一瞬で全世界に届いてしまうから、昔よりも消費されるサイクルが早くなっている。アーティストはその早くなるサイクルについていかざるを得ず、クリエイティブに時間をかけることが難しくなっている。逆に、料理は一度に大人数に振る舞えないからこそ、長持ちするし、飽きられない。

目から鱗が落ちる思いでした。確かに一度に大人数に届けられないのは制約ではあるけれど、その分より長く、料理人は人生をかけてクリエイティブを作り上げていくことができる。そして、食べ手にとっては、それこそがレストランを訪れる魅力ではないかと思います。

芸術家 vs. 職人

料理人は、大きく分けると芸術家タイプと職人タイプ、2通りがあると感じています。

職人タイプの料理人は、受け継がれてきた技術を自分なりに高めていくことで、ひとつのジャンルを突き詰めていく。また、自分がやっていることがアートだと意識していないことが多い。日本や中国は、この職人タイプが多い印象です。

これは、料理の特性によるのかもしれません。ある程度、型のあるひとつの料理を、いかに上手に作るか。切る技術や火入れの技術をいかに突き詰めるか。そうやって、日本料理や中華料理は進化してきた。

一方、西洋料理では芸術家タイプが多い印象です。料理人の仕事はオリジナリティのあるものを作り出すことであり、さらにはキッチンを超えた社会的存在として料理界に影響を与えたり、社会をよりよくするためにメッセージを発信して貢献することである、という考え方です。もちろん職人イズムもゼロではなく、伝統や技術の継承に重きをおいている料理人もいます。ただ、こうしたアーティストタイプの料理人のほうが世界で注目を集めているのが現状です。

日本の食が評価される大きな要因は、料理人の職人技であることは間違いありません。それこそ、命を削ってまで自らの技術を高めている人もたくさんいます。ただ同時に、芸術家タイプの料理人も評価される土壌があってもいいのに、と思います。料理の芸術性も重要ですが、料理界全体を盛り上げたり、社会貢献をしたり、という役割を担う料理人が増えることも大事だと思います。向き不向きがあるので誰でもできることではないし、やるべきだとも思いませんが、そういう料理人が注目を集めることで、料理人という職業の地位向上にも資するのではないかと思っているからです。

料理人である以上、たとえ芸術家タイプでも、職人として修業や研鑽は不可欠です。よって、どちらかひとつ、という単純な二項対立ではありません。また、僕は両方のタイプの料理人のお店に行きます。ただ、料理を味わううえで、料理人がどちらのタイプか、そしてどちらの表現に力を入れているかを考えながら食べると、料理に込められた思いや意図がより深く理解できるようになるかと思います。

自分の好みで判断しない

料理に関して、おいしい、という言葉はよく使われますが、おいしい、は本当に難しい言葉だと考えています。先にも書いた通り、客観的なひとつの基準があるわけではないからです。一方で、主観的な要素は多分にあって、それはその人の育ってきたバックグラウンドや食文化に、大きく影響される部分があるのです。だから店を評価し、「おいしい」「この店はいい」というときには、気をつけなければならないと思っています。

先に触れましたが、日常会話で友達とレストランの話をしているだけなら、「この店はおいしい」でいい。しかし、僕はメディアでお店を紹介したり、自分の所感を述べたりする機会があります。そのときに、深く考えず自分の好みで「この店はおいしい」もしくは「おいしくない」といってしまってよいのでしょうか？　僕の好みに合うからおいしい、合わないからおいしくない、となってしまっては、僕が発信する情報は僕とたまたま好みが合う人にしか役に立たないということになりますし、評価という意味では何の意味も持ちません。

僕は日本人として生まれ育ち、いろいろなものを食べてきたので、この環境の中で生まれた好みは、排除しようとしても、どうしてもしきれないところがあります。いろんな味覚が口の中で広がったとき、それに対して特定の感情を持つことは避けられない。たとえば僕は、最後の晩餐に何を食べたいかと聞かれたら、炊きたての白ご飯、といつも答えています。これは、日本人として生まれ育った僕の好みであり、ノスタルジーです。米を主食とする人以外には、理解されないでしょう。この感情をなかったことにすることは、できません。ただ、そういうバイアスが自分の中にあることを常に意識し、できるだけそれを排除して評価しようと努力する、これには意味があると思っています。

好みの違いは、さまざまな形で顕在化します。まずは、世代による違い。若い世代が好む味付けと、年配の方が好む味付けの濃さが違うのは、わかりやすい例かと思います。また、肉の脂についてもそうで、若い世代は脂が強くても気にならない方が多いですが、歳を重ねると脂がつらくなりがちです。天ぷらでも同じで、20代や30代前半だと油を食べさせる天ぷらをうまいと感じがちです。逆に40代後半以降になると、そういう天ぷらは最後まで食べきれません。

また、性別の違いもあるかと思います。あくまで一般論ですが、女性のほうが男性よりも甘味を好む、といわれています。これは、女性シェフと男性シェフの味付けの違いにも表れることがあります。

あとは、お酒を嗜むかどうかも影響します。例外はあるにせよ、お酒が好きな方は甘いものを好まない傾向がある、とはいえるかと思います。

自分の口に合わないからおいしくない、とすぐに結論づける前に、こういった好みの違いがあることを勘案し、なぜ自分は違和感を感じたのか考えてみてはどうでしょうか。

国による味覚の違いをリセット

日本人と外国人を比較すると、好みの違いはより顕著になります。特に違うのは、塩味に対する感覚かもしれません。スペインで開催されたイベントで、僕、海外に慣れていない日本人、イギリス人シェフ2人でテーブルを囲みました。別のイギリス人シェフが作った同じ料理を食べたんですが、イギリス人シェフたちは美味しいという感想だったのに対し、同席した日本人はしょっぱい、とのことでした。僕はヨーロッパの味付けに慣れているし、文化的な違いを踏まえて味覚のストライクゾーンを広めにとっているので、僕の主観的な味覚ではしょっぱいが、ヨーロッパでは適切な塩加減なので、これでよい、と判断しました。

酸味に対する感覚も、異なるようです。具体的には、日本人は酸味に弱い、といわれがちです。フランスのトップレストランで修業した日本人がシェフを務めていた広島のレストランでいただいた、レモンとハーブのグラニテが素晴らしかったので、シェフに伝えたところ、「これを美味しいといっているのは浜田さんと僕だけですよ」といわれました。その店で働く他の料理人やサービススタッフは、酸っぱすぎるとの感想だったようです。

風味だけでなく、食感の好みも文化によって異なります。よくいわれるのは、日本のジュンサイを苦手とする外国人が多いことです。あのつるつる、ぷるぷるした食感が、受け入れがたいようです。

一方、モチモチした食感はスペインなどで人気があり、イノベーティブ（既存の料理ジャンルに属さない独創的な料理）レストランに行くと、メニューに「Mochi」という言葉が頻繁に登場するほどです。しかし、他の文化ではこの食感が苦手と感じる人もいるようです。

また、これはあくまで仮説ですが、ヨーロッパと日本を比べると、唾液の分泌量が違うように思います。文化的な要因か、生物学的な違いによるものかは不明ですが、多くのヨーロッパ人は、バゲットのような乾燥したパンを普通に食べ続けることができます。一方、多くの日本人は口の中が乾いてしまい、食べにくいと感じ、途中で水分が欲しくなる。パスタに関しても同様です。イタリアでは、地域によるレシピの違いはあるものの、一般的にパスタはソースが乳化してしっかり絡んでいるもので、食べ終わった後にソースが残らないのが普通です。しかし、日本人の多くは、ソースに水分が多いほうが好みではないかと思います。これは、肉に関しても同様です。ヨーロッパの一流レストランで肉料理を食べると、日本人にはパサパサしていると感じることがよくあります。しかし、これは多くの場合、失敗ではなく、意図的な火入れなのです。

自分の好みは好みとして、あっていい。ただ、国や文化によって好みが異なることを知らずに、自分の好みで批判するのは、違うのではないかと思います。まずは、感覚の違いがあることを知る、これが大事だと思っています。

どれだけ考え抜かれているか
――料理の評価

美食、という観点で僕が大事にしているのは、文化的に食べることです。先にも少し触れていますが、単純に食欲の赴くままに、「うまい」という快感のためだけに食べるのは、文化的な食としては捉えていません。また、個人的な好みで判断することもありません。

では、どうやって美食を評価するのか。僕が心がけているのは、2点です。まず1点目は、その料理が「どれだけ考え抜かれているか」です。これはあくまで僕の独自の基準でしかありませんが、僕が評価するのは、徹底的に考え抜かれている料理なのです。

世の中には、昔ながらの伝統の味を受け継いでいます、という店がたくさんあります。それはそれで素晴らしいのですが、受け継がれたレシピをそのまま再現しているだけなのか、それともそれをベースにより良くしようとしているかでは、雲泥の差があります。

その意味で、僕が疑問に思うことが多いのが、洋食というジャンルです。西洋料理ではなく、日本で独自の発展を遂げた、洋食です。反論を覚悟でいうと、洋食店の大半は食べ手のノスタルジーに依存していると思っています。つまり、お客さんは昔ながらの慣れ親しんだ味を楽しみに訪れている、という意味です。もちろん、ノスタルジーを満たす場所は社会に必要です。世の中の多くの人にとっては、レストランなんてそれだけで十分ともいえる。ただ、美食として評価した場合、そういうお店は進化が止まっている、という判断になります。たとえば、プリン・ア・ラ・モードになぜいまだに缶詰のチェリーをのせるのか、僕には理解できません。ノスタルジー以外、説明がつかないと思います。

そんな中、数少ない洋食店は、ノスタルジーに安住せず、料理として完成度の高い洋食を志しています。京都の「洋食 おがた」はその代表格でしょう。「サスエ前田魚店」から仕入れた鰺のフライは、レアな火入れが見事です。これだと、ノスタルジーがない人、たとえば日本で育っていない外国人でも間違いなく美味しいと感じることと思います。食材を突きつめる探究心、そして既存の先入観に縛られず、料理としての完成度を高める技術。これは、鰺フライというものを考え抜いた結果だと思います。

本当に素晴らしい料理人は、自然と「考え抜く」ということができています。東京の「新ばし 星野」の星野芳明さんは、今はなき名店「京味」の出身です。師匠である「京味」の西健一郎さんから学んだことを実践しつつ、そのプロセスをひとつひとつ自分なりに見直しているそうです。蓋を開けてみると、「ああ、やっぱり大将のやり方は正しかったんだ」となることも多いのですが、「あれ、こっちのほうが良くなるぞ」と気づくこともたまにある。その結果、星野さんの料理は、「京味」のベクトルを踏襲しつつ、さらに一歩前に進んでいる感覚があるのです。

考え抜くことの重要性は、食に限らず、すべてのクリエイティブ領域で同じではないでしょうか。音楽でも映像でも小説でも、いかに考えて考えて考えて考え抜くかによって、本当にいいもの、純度の高いものができるのだと思います。したがって、その思索と苦闘の過程に、僕は注目するようにしています。

ちなみに、考え抜いているかどうかは、料理について質問してみるとすぐにわかります。考え抜いている人は、皿の上のすべての要素について、なぜそうしているか、ロジカルに答えられるからです。唯一の例外は、何も考えていないのに才気走った素晴らしい料理が作れてしまい、それを自分で説明できない「天才」ですが、そんな人は、いたとして世界に数十人でしょう。ひらめきは重要ですが、料理に落とし込む段階で自分なりに説明できるようになっているはずです。

残念ながら、高級店でも考えが浅い店は少なくありません。ヨーロッパのある国でミシュラン二つ星を獲得しているレストランは、西洋料理をベースとした現代的料理の中に、いきなりタイ料理っぽいものが登場する。タイ料理を徹底的に掘り下げて何度も現地を訪れて、数百種類の料理をすべて自分なりに勉強したうえで、その要素を反映した料理を自分なりに完成させ、それをコースの流れの中に必然性がある形で盛り込んでいるのならいいのですが、そんなこだわりは微塵も感じられない。単純に「自分がたまたまタイに行ったときにおいしかったから」と出してくる。そんな浅い料理は、僕は食べたくありません。

こちらはイタリアの複数の星付きレストランで経験したことですが、日本のふりかけをパスタにかけたり、グリッシーニに混ぜたりするのです。ふりかけを自分で一から作る、ならまだわかりますが、既製品を買ってきて1人3万円以上するコースの料理に添えるのは、お手軽過ぎやしないでしょうか。これは日本のお店にもいえることですが、キャビアやトリュフ、ウニ、イクラなど、まずくなりようがない高級食材に頼っている。これらの食材を使うことを否定しているのではなく、シェフが考え抜いた結果、それらが必然性がある形で使われているかどうか、それが大事です。

数千円の料理でも、考え抜かれているものはわかります。先に挙げた「銀座八五」「アルデバラン」「蕎麦おさめ」などは、その代表格です。考え抜かれているという意味において、これらのお店の料理は美食の作品です。一方、5万円でも考えられていない料理もある。その意味では、料理の深さは価格とは関係ないことが多いのです。

一点強調しておきたいのは、僕は考え抜いていないお店のシェフを一方的に批判するつもりはない、ということです。レストランは最終的には商売なので、お客さんが喜ぶものを出さなければいけないし、支持されなければつぶれてしまいます。だから、そういう考え抜かれていない料理を出す店が繁盛しているとしたら、それがお客さんから支持されているからでもあるのです。実際、なんちゃってタイ料理を出すミシュラン二つ星のお店は、ヨーロッパのフーディーから絶大な支持を得ています。そういうフーディーは、アジアに来て本物に触れる機会が少ないのでしょう。なので、そういう浅い料理に喜んでしまう。

そういうお店が、支持してくれるお客さんを相手にこじんまりとやっている分には、僕みたいな世界中を食べ歩いている人間が行かなければいいだけなので、問題ありません。ただ、それをフーディーたちがヨーロッパ有数の、と持ち上げ始めたり、持ち上げられたシェフがそれで世界に通用するだろうと思い始めたりすると、始末が悪い。その意味では、どういうレストランが評価されるかは、最終的にはお客さんの理解度次第なのです。

考えをどこまで体現できているか
――シェフの評価

美食を評価するうえで僕が心がけているポイント、2点目は、シェフが自分の考えをどこまで体現できているか、いい換えると、どこまで料理に落とし込めているか、です。というのも、いくら料理を考え抜いて素晴らしいものにたどり着いたとしても、それを実際に皿の上に落とし込めていないと、意味がないからです。

ソーシャルメディアの時代になり、世界のどこにいても料理を見て学んだり、インスピレーションを得たりすることができるようになりました。結果として、特に西洋料理の世界においては、新しい料理を作り出すことが昔よりも容易になってきていると感じています。逆に、それを実際に手を動かして料理に落とし込むという技術面で、伴っていない事例が増えているように思います。

この時代の変化は、必ずしも悪いことではありません。音楽の世界では、楽器が弾けなくても楽曲が作れる時代になっています。DJは、PC上でミックスができるようになっているので、ビニール盤どころかCDにすら触れなくてもDJとして成立します。ただ、食の場合、どうしても最終的にアナログでアウトプットする必要があるので、この技術面が大事になってくるのです。そして、特に若い世代の海外のシェフで、アイデアはいいのに、技術がついてきていない、というパターンが多いように思います。

ここに、あるシェフがいるとします。そのシェフは、料理を考え抜く力があります。また、それを皿の上に正確に落とし込む技術を持っています。ただ、それを食べた僕の口には合わない。それをどう評価するか。

僕は、その料理を高く評価します。なぜなら、僕の口に合うかどうかは個人的な問題であって、その料理の評価に影響すべきではないからです。シェフの説明に納得して、かつ料理がその説明通りに作られていれば、何の文句もありません。

現実には、そういう素晴らしいお店が全く口に合わない、ということはありえません。ただ、他の信頼できるフーディーほどは感動しない、ということはありえます。ただ、僕はそれを公に発信する立場なので、自分の好みは排除して評価します。

これが、僕の美食の基準です。繰り返しますが、もちろん絶対的なものではありません。ただ、美食を深掘りしているうえで、なんらかの自分なりの基準は必要だと思うので、たたき台程度に参考にしてもらえればと思います。

鮨から学ぶ美食の見方

美食を体験するうえで、「何を見るべきか」を知っておくのは重要です。その自分なりの基準がなければ、1万回食べても、1回も食べてないのと同じ、といっても過言ではありません。1回1回の食事経験を、どれだけ深く考えてきたか。これが大事です。

こうやって偉そうに書いていますが、これには僕の師匠と呼べる人の存在が大きかったのが事実です。それは、芸能界一の食通で知られる、寺門ジモンさんです。ジモンさんといえば、一般的には肉のイメージが強いかと思います。ところが、実はジモンさんは肉と同じくらい、いや、もしかしたら肉よりも鮨や割烹に詳しいのです。ジモンさんは、小学校の頃からお小遣いを貯めて鮨屋に行くような子どもだったそうで、僕よりはるかに長年食べ歩いてきています。とにかくあらゆる食に詳しいのですが、そんなジモンさんとの出会いで僕にとって大きかったのは、「何を見るべきか」を学べたことです。

鮨だったら、まずは店に入ったときの香りを確認する。仕込みのときの魚の臭いが残っているようでは、お客さんを迎え入れる準備ができていない。

握りでいうと、

- 魚介の扱い方、切りつけはどうか。並べ方はどうか
- 握るときに魚介が適切な温度になっているか
- 酢飯の米はどういう根拠で選んでいるのか。食感、風味などがその店の方向性に合っているか
- 酢は何を使っているのか。白酢、赤酢、ブレンド、どういう考えを持っているか
- 選んだ酢と米がネタに合っているか。ネタだけいいものを買っても意味がない
- 酢飯の温度はどうか。酢飯を補充するお弟子さんとの息は合っているか
- 酢飯（シャリ）と鮨種（ネタ）が一体になって、ひとつの料理になっているか。刺身ご飯になっていないか

- 口の中でシャリとネタがほどけるスピードは同じか。どちらかが残ることはないか

ジモンさんから学んだことに自分なりに思ったところを加えると、一例ですが、こんな感じです。

あとは、これは気持ちの問題なのですが、鮨屋の若手が酢飯を補充するときに投げるように入れていると、ジモンさんはいつも、「赤ちゃんを扱うように、大切に入れなきゃ」とアドバイスします。ある超有名鮨屋でも、ネタを投げる職人がいるのですが、僕は全く食べたいとは思いません。どういう振る舞いをしていても、最終的に美味しくできれば文句はありませんが、そういう人が握る鮨はほぼ間違いなくたいしたことがありません。

一貫一貫に続いて、全体の流れです。日本のトップＤＪで東京オリンピックの音楽監督を務めたＦＰＭ田中知之さんと鮨屋でご一緒したときに、鮨とＤＪは一緒だね、という話になりました。同じ握りを出すにしても、何をどういう順番でどう持ってくるかによって、お客さんの満足度は全く変わってきます。

ＤＪも同じで、一本調子に上げていけばいいというものではなく、変化を交え、波を何度か作って増幅させ、最後にクライマックスに持っていく。こうした全体の構成が問われる。全く同じなのです。

ちなみに、同じ鮨屋でも、いわゆる「ワンオペ」のお店とそうでないお店でも評価軸が変わってきます。ワンオペの場合、もしくは他にスタッフはいるけれど酢飯にはタッチしていない場合は、できるだけ長い時間だれない酢飯を目指すことになります。逆に、酢飯を管理できるスタッフが裏にいる場合、長持ちするかどうか気にせずによりよい酢飯を追求することが可能になります。つまりたとえるなら、前者の場合、いかに最初から最後まで90点を維持するか。後者の場合、何度も途中で補充する前提でピーク95点を目指す。こうやって書くと、後者のほうがいいように思えますが、必ずしもそうではない。というのも、酢飯は大事だけれど、当然ながらそれだけで決まるものではない。最終的な握りとしての総合的なバランスがすべてだからです。

『関ジャム』的に食べる

僕は、考えながら食べています。美味しいと思ったとしたら、なぜ美味しいのか。それが食材の組み合わせからくるものなのか、味付けなのか、食感なのか、温度感なのか。こうやって考えることが好きなのです。

僕には大好きなテレビ番組があります。テレビ朝日系列の『関ジャム　完全燃SHOW（現・EIGHT-JAM）』です。通常の音楽番組は、ヒット曲を出したアーティストが出演して歌ったり、踊ったりといったものが多いですが、この番組は違う。音楽を分析するのです。

どうして、あの曲は大ヒットしたのか。このメロディはなぜこんなに心を揺さぶるのか。それは、曲の構成がこうなっているから。こんなコード進行だから。ベースラインの動きがこうなっているから。こんなマニアックな話をしていくのです。

こういった分析を必要としない人も世の中にいます。理屈抜きで音楽を楽しみたい人です。食でいうところの、「うまい」を求めている人ですね。

一方で、楽曲に潜んだ仕掛けやアーティストの目に見えない仕事を知ることで、より音楽を楽しめる、という人もいます。こちらは、食でいうところの、「美味しい」を求めている人です。

僕が興味があるのは、いってみれば美食の『関ジャム』的な分析なのです。そういう観点で、食を見るのが好きだし、楽しいのです。

昔は『関ジャム』的なものは、タブーだったのかもしれません。プロが種明かしをしてはいけない、という時代だった。職人は表に出てきませんでした。しかし、時代は変わりました。YouTubeでも、音楽では『関ジャム』的なものがたくさんあります。有名アーティストが新曲を出すと、解説動画がたくさんアップされる。

お笑いの世界でも、同様です。「M-1グランプリ」が終わると、解説動画が一斉にアップされます。その多くは元出場者や現出場者を含む、プロの芸人さんによるものです。これも昔だったら考えられないことですが、まさに現代的なクリエイティブの楽しみ方なのです。

まだ、食の世界にはこういうものはほとんどありません。特に、再生回数が多いものは、大食いだったり、お店紹介にとどまります。僕はUMAMIHOLICというYouTubeチャンネルをやっていますが、まさに、食を『関ジャム』的に解説したい、と思っています。『関ジャム』を観たことがないという人は一度ご覧いただき、食を思考するヒントにしてみてはどうでしょうか。

いい客になるための美食講座

1 テーブルマナー

気にすべきこと、気にしなくていいこと

海外の高級レストランや「グランメゾン」と呼ばれるような国内の格式の高いレストランに行くとなると、テーブルマナーが心配という方も少なくないかもしれません。しかし、そこまで細かなところは気にしなくてもいいと僕は思っています。

たとえば、ナプキン。膝の上にサービススタッフが置いてくれるとき、対角線で半分に折って三角の形に置かれることがほとんどですが、僕は四角いほうが使いやすいので、四角に自分で折り直しています。何が正解なのか、気にしたこともありません。

食事が終わったらナプキンをどこにおくか。お手洗いなどで中座するときにど

うすればいいか。いろんなことをいう人がいますが、正直どうでもいい。何も考えず、適当にテーブルの上に置いておけばいいだけです。

食事が終わったかどうかは、皿の上のナイフ、フォークで意思表示ができます。ナイフとフォークをお皿の上で揃えていれば、持っていってくれますし、開いていれば持っていかれることはありません。揃え方は、国によって横一直線だったり斜めだったりするようですが、それも気にしたことはありません。

ナイフ、フォークが事前に複数並んでいる場合、どう使うか、というのも日本のマナー本ではよく見かけますが、そもそも大規模なバンケットでない限り、こういう状況は稀です。お皿ごとに替えてくれるか、もしくはカジュアルなお店だと使い回すのが一般的だからです。事前に並んでいる場合は、基本的には外側から使っていけばいいのですが、これも過敏になる必要はありません。ナイフ、フォーク両方使う人もいるだろうからということで両方セットされていても、実際フォークだけで食べ終わってしまえば、数が合わなくなる。それで問題ありません。また、多めに使ってしまったら、サービススタッフが補充してくれます。なので、シンプルに、自分が食べやすいものを使って食べたらいいと思います。

昔は、ライス皿のご飯はフォークの背にのせて食べる、なんていう謎マナーが日本ではまことしやかに語られていました。なんでそんな食べにくいことをしなければいけないのでしょうか。バランスを取って上手くのせて、と考えていると、気が散って楽しめなくなってしまう。フォークを右手に持ち替えて、すくえばいい。食べたいように食べたらいい。日本人はマナーを作るのが大好きなようで、勝手にマナーを捏造する人が後を絶ちません。根拠のあるマナーもあるのでしょうが、基本、他人に不快感を与えなければなんでもいいと思っています。

また、背もたれをどう使うか、と聞かれたことがありますが、僕は食べている時間以外は普通にもたれています。女性はバッグを後ろに置いたりするので、使わない人も多いようですが、確かに背筋が伸びているとかっこいい。ただ、高級レストランで3時間、4時間、座ったままになる場合、背もたれもたまに使ってリラックスして食事を楽しめばいいと思います。

逆に、避けたほうがよいと思うのは、食べるときに肘《ひじ》をつくことです。会話をしているときに、腕をテーブルの上に置くのは全く問題ありません。ただ、少なくとも欧米や日本においては食事中に肘をつく文化はありません。

西洋料理はお皿を持ち上げることはありませんが、和食は食器を手に持っていただくものが多い。中でも、お椀は基本、手に取らないといけないものです。特に、内側に塗りがしてある内蒔絵の器は、置いたまま箸で触ると傷をつける可能性があるので、絶対に持ち上げる。器の観点からも、手で持って食べるほうがいいということです。

また、材質にもよりますが、鮨屋や割烹の、傷つきやすい白木のカウンターでは、テーブルにスマホなどを直接置かないほうがいいでしょう。テーブルの上に敷くものがあれば問題ないと思いますし、フーディーの中には畳でできたスマホ置きを持ち歩いている人もいます。僕は、スマホは、膝の上に置くことが多い。お店によっては、お客さんが巨大な一眼レフを落としてしまい、白木のカウンターが凹んでしまったので撮影禁止にした、という話もあります。貴重な木材を使っている場合、お金では弁償できないくらいの損失になる可能性もあるので、要注意です。

一方、海外のレストランではそもそもテーブルもカウンターも傷つきやすい材質ではないことがほとんどです。また、高級店だとテーブルクロスが敷かれていることも多い。なので、お客さんは普通にスマホなどのものを置きますし、お店の人もそういうものだと思っています。要は、常識で判断すればよいのです。

料理の撮影は許可を得るべきか?

海外に関しては、そもそも撮影の許可を聞く必要がありません。聞いてもいいですが、「どうして?」という顔をされます。「いいに決まってるよ」となるだけです。

万が一撮影がNGの場合は、事前に「撮影はNGです」と伝えられるでしょう。お店側が何も伝えない限り、お客さんは普通に撮影を始めるからです。

昔はイタリアの「ピアッツァ・ドゥオーモ(Piazza Duomo)」やアメリカの「シェフズ・テーブル・アット・ブルックリン・フェア(Chef's Table at Brooklyn Fare)」などが撮影禁止でしたが、今はOKになりました。このご時世、撮影禁止のお店は日本国外に何軒残っているでしょうか。日本人がやっている鮨屋などはあるかもしれませんが、それ以外だと、世界中で10軒ないかもしれない。それくらい稀です。

一方、日本は撮影NGの店がそれなりにあります。もしかすると、人気高級店の1割くらいがそうかもしれません。また、撮影OKのお店でも、事前に聞かずに勝手に撮り始めたら断る、というお店もあったりします。なので、食べログなどで見て撮影OKだとわかっていても、礼儀として「撮影しても大丈夫ですか」と聞くべきです。僕は、何度も通っているお店でも、「撮影しますね」と仁義を切ることが多いです。特に、貸切会でなく他のお客さんがいる場合は、なおさらです。

ただ、ラーメンなどのカジュアルな業態は、状況が異なるようです。僕はラーメンの専門家ではないので理由はわかりませんが、周りを見ていても誰も撮影OKかどうか確認しない。ほとんどのお店で、みんな自由に撮影して食べています。そういうお店で、「撮影していいですか?」とあえて聞いてみたことがあるんですが、どんな本格的な撮影が始まるのか、と警戒され、わざわざ店長が出てきたことがありました。それ以降、周りのお客さんが聞いていないお店では、聞くのは止めました。撮影NGという口コミや貼り紙がなければ、周りの雰囲気を見ながら、自由に撮っていいのではないでしょうか。ただ、多くのラーメン店では、キッチンの中や内観は撮影が禁止されているようです。また、これは日本の他業態でもそうですが、周りのお客さんが映り込むのもＮＧなので、あくまで料理だけを撮影するのが賢明だと思われます。

第2章

美味しさに
出会う

美食入門

心得

まずはリラックスして楽しむ

行き慣れない何万円もするようなお店に行くとなると、緊張してしまう、という声をよく耳にします。しかし、何より大事なことは、食事を楽しむということです。料理はもちろんですが、レストランの雰囲気、内装、スタッフとのコミュニケーション、すべてを楽しみに行くという心持ちが、まずはとても大事だと思います。

あまり構えて緊張し過ぎたら、お店を楽しめないし、味もわからなくなってしまいます。これではもったいない。僕は半分、仕事のようになってしまっているところがあるので、場合によってはレストランを見極めようと集中して行くこともあったりしますが、普通はそんな気持ちで行く必要はありません。

どんな楽しい時間が過ごせるかな、どんな素晴らしい料理と出会えるかな、とワクワクしながら行く。そして、美味しいと思ったら、どうして美味しいのか、考えてみる。想像してみる。

もし、何かわからないことがあったら、素材のことでも、調理方法のことでも、ワインのことでも、お店の人に聞けばいいと思います。フランスの料理の高級店など、ハードルが高いと思っている人がいますが、知らないことを聞かれて怪訝な顔をしたり、嫌がったりするサービスパーソンはまずいません。逆に、知ったかぶりはすぐばれてしまうので、正直でいることが一番です。

それこそ僕がサービススタッフだったら、初心者の人ほど、チャンスだと感じます。なぜなら、気に入ってお店のファンになってもらえたら、新しい常連になってくれる可能性があるからです。それがたとえ、年1回の記念日だけとしても、十分ありがたい。逆に、他にもいろんなお店を食べ歩いている人は、気に入ったとしても、他にも行くから、そうそう通ってはもらえない。かくいう僕自身、たとえば東京には1年のうち3カ月しかいないので、どれだけ気に入ったとしても、これ以上定期的に通うお店を増やすのは難しくなりつつあります。

良い食べ手が増えるのは、レストラン業界全体にとっても良いことです。そして、良い食べ手を作るのは、レストランの責務ともいっていい。だから、健全な好奇心を持って食を楽しもうとしている初心者を邪険に扱うようなレストランがあるとすれば、そんなお店には行く価値がありません。

僕が住んでいた1997〜1998年頃のフランスは、事実、ハードルが高い高級レストランもありました。アジア人だと慇懃《いんぎん》無礼な対応をされたり、舐められて良くない席に通されたり、疲れていて英語で済まそうとすると、「On parle français en France!（フランスではフランス語を話せ）」といわれたり。カジュアルなレストランではあまりそういうことはなかったんですが、一部特定の高級店は本当にひどかった。ですが、時代は変わりました。

特に、ユーロが導入された頃くらいからは、観光客だけでなくフランスに住み着く外国人が急増したことで、ある程度繁盛しているレストランで誰も英語ができない、もしくは英語だとあからさまに嫌な態度を取る、という店は皆無になりました（心のなかでどう思っているかは別ですが）。外国人と見ると、こっちが英語で話しかける前に向こうから英語で話してくれることもよくあるくらいです。

世界最高峰のレストランでは、素晴らしいサービスに出会うこともあります。18世紀に起源を遡る老舗フレンチで、ピカソが常連だったという格式高い店「ル・グラン・ヴェフール（Le Grand Véfour）」に20年以上前に行ったときのことを今でも覚えています。当時は三つ星だったと思います。

ディナーは当然ドレスコードがあったのですが、僕が行ったのはランチだったので、襟付きシャツは着ていたものの、ジャケットは持っていきませんでした。入り口で予約した名前を伝えて、中に入ろうとしたところ、ごく自然に「ムッシュ」といわれて、パッとジャケットを差し出され、自然に羽織らせてくれたのでした。何の会話もないまま、です。「ジャケット持っていますか」「持ってない」「じゃあ着てくれ」ではなく、何もいわずに、用意されていたジャケットを、僕が預けていたものを返してもらうかのように貸してくれたのでした。これには感動したことを今でも覚えています。お客さんに全く恥をかかせない、自然な振る舞いでした。

最近でいうと、LVMHグループのホテル「シュヴァル・ブラン」のメインダイニングで三つ星の「プレニチュード（Plénitude）」が印象的でした。今パリで最も予約が取れない店です。

現代的な超高級店なのですが、若いサービス陣の接客はフランクでフレンドリー。会話の中にジョークが飛んできたり、笑いがあったり。緊張させる要素はゼロ。でも、サービスマンとして押さえるところはちゃんと押さえている。これが今の方向性なのだと思います。パリですら、これが当たり前になっているわけですから、高級店に行くからといって全く緊張する必要はないのです。

心得

安いジャンルのトップに行ってみる

一回の食事に数万円もお金を出すのはちょっと難しい、という人もいるかもしれません。しかし、「はじめに」で述べたように、高価なものでなければ、美味しくないのかといえば、全くそんなことはありません。ジャンルによっては、最高峰のものでも、そんなに高くないというジャンルがいくつもあるのです。

たとえば、カレー、ハンバーガー、あとはラーメン、うどん、蕎麦などの麺類。どれも、高級食材を使った特殊なものでなければ、高くても5千円を超えることはありません。近年のインフレもあって価格が上昇傾向にあるとはいえ、それらのジャンルで日本最高峰のものが5千円以内で食べられるのです。

高級ジャンルの中で安い店に行くくらいなら、安いジャンルで高級な店に行ったほうがいいと僕は思っています。なぜなら、そのジャンルにおける最高峰を知らないと、そのジャンルを知ったとはいえないからです。そのジャンルで、まあまあなところに行っているだけでは、たいした経験にはなりません。

誤解を避けるために強調すると、高級ジャンルで安い店の中にも、素晴らしいお店はあります。原価が高い食材を使わず、安い食材を生かして技術で美味しくしている店です。そういうお店は、わざわざ行く価値のある店です。ただ、高級ジャンルの安い店で多いのが、名ばかりの高級食材を使っているパターンです。どういうことかというと、質の悪いキャビア、フォアグラ、トリュフ、ウニ、鮑、和牛などで見た目だけ豪華にしているのです。これでは、高級店の劣化版、疑似体験でしかありません。行っても経験にならない安い店というのは、こういう店を指しています。

まずは安いジャンルから始める。そして経済的に余裕が出てきたら、少しずつ高級なジャンルにシフトしていく。安いジャンルを極めることは、将来に向けてのトレーニングになります。

高いものであれ安いものであれ、せっかくお金を払って食べるわけですから、料理と向き合って、考えて食べる。ラーメン1杯に、どういう作り手の思いや考えが込められているか。どういう食材が使われているか。香りや口に入れたときの食感はどうか。温度感はどうか。それは意図されたものなのかどうか。

食材でわからないものがあれば、自分なりに調べてみる。突き詰めていくことで、理解は深まり、世界への興味のもとにもなります。ラーメン1杯にも、世界情勢は影響を及ぼしています。ウクライナで戦争が起きて、小麦の値段は上がりました。スープに使う昆布は、気候変動で採れなくなってきている。すべてはつながっているのです。


ちなみに僕は、フランスに住んでいたときにフランス料理ももちろん食べ歩きましたが、一番頻繁に食べたのは「クスクス」でした。クスクスというと、小麦粉の粒を思い浮かべる方が多いかと思います。それは間違いではないのですが、フランスではあの粒をスムールと呼び、クスクスはどちらかというと料理のほうを指します。小麦粉の粒（スムール）に、野菜や肉がゴロゴロ入ったスープをかけて食べます。

日本でクスクスの知名度は低いですが、フランスでは国民食と行っていいくらい確固たる地位を獲得しています。給食でも出るくらいで、完全にフランスの食文化に溶け込んでいるのです。日本における、カレーと似た立ち位置かもしれません。

僕が当時住んでいたのはパリの12区といって、比較的家賃が安い地区でした。北アフリカからの移民が多く、街を歩くとビストロよりもクスクス屋のほうが多い、それくらいにクスクスは一般的でした。当時は少なくとも週に2~3回はクスクスを食べていたので、僕の主食だった、といっても過言ではありません。

では、なぜフランスにそんなにクスクス屋が多いのか。クスクスに興味を持った僕は調べました。すると、クスクスが北アフリカのマグレブ諸国の料理で、その辺りがフランスの支配下にあった歴史があることがわかりました。それらの国からの移民がフランス中でクスクス屋を営んでいるので、フランスに多いのです。

また、出身地域によってクスクスが違うことにも気付きました。あくまでパリでの比較ですが、アルジェリア風は家庭的。人参やズッキーニがゴロゴロ入っていて、スープの味付けが優しい。モロッコ風は洗練されていて、ひよこ豆やレーズンが別添えのことが多い。チュニジア風は、スムールがスープを吸った状態で出てきて、色が黄色っぽい。アリサ(ハリッサ)でスパイシーさを加える。興味が高じて、クスクスを目的としてそれらの国々や周辺のリビアとマリを食べ歩いたこともあります。

僕はアルジェリア風が一番好みなので、15年ほど前にアルジェリアにも行ったんですが、観光客を受け入れる体制が全く整っていなくて、当時は苦労しました。また、アルジェリアではクスクスは家庭料理らしく、レストランではなかなか食べられなかったため、仲良くなったアルジェリア人のお家にお邪魔して食べさせてもらったのも良い思い出です。

こうやって、クスクスという料理を掘り下げることで、僕はマグレブ諸国の食文化、そしてフランスとそれらの国々の歴史的関係についても知ることとなりました。食を通じて、自分の世界がどんどん広がったのです。

心得

段階を踏まないとわからない味

先ほど、安いジャンルで高級な店に行ったほうがいい、と書きました。ただ、これはいきなりトップの店に行くべき、という意味ではありません。順を追って段階を踏むことで、そのジャンルの最高峰といわれる店の真価が理解できるからです。

昔、新橋「京味」に通っていた頃、私も連れて行ってほしい、と周りの人からいわれることがよくありました。いつも、一緒に行っていた師匠の寺門ジモンさんに相談したのですが、「まだ早いんじゃないか」とか「そろそろいいかな」など、アドバイスをくれたものです。何を持って判断しているかというと、その人の経験値です。

話を単純化すると、仮に日本料理というジャンルにおいて、最小レベル1から最大レベル10までお店の段階があるとします。もちろん、実際はこんな乱暴な基準ではくくれませんが、あくまで仮の話です。そして、ある人はレベル1～5のお店までで行ったことがある。その人が、レベル10の「京味」に行きたいといっている。この場合、その人はまだ早い、という判断になります。なぜかというと、レベル5の人はレベル6と7以上の違いはわかるかもしれないけれど、レベル9と10の違いはわかるわけがないからです。レベル5から遥か上を見上げると、レベル9も10も同じに見える。だから、「京味」に連れて行っても、5よりは上ということがわかっても、10の真価を理解できないのです。なので、そういう人には、まず次にレベル6とか7のお店に行って、慣れてもらう。その価値がわかるようになったら、次にレベル8か9。その高さに順応したら、そのときこそレベル10の真価がわかるのです。

偉そうな議論で恐縮ですが、僕自身、中国料理に関してはレベル10まで完全には理解できていないと自覚しています。もともと、2020年は中国を重点的に食べ歩く予定でした。それがコロナ禍による入国規制で不可能になり、ようやく2023年から中国や香港を回り始めています。ここ1年で、自分自身の理解もそれなりに深まったつもりですが、それでも他の料理ジャンルに比べたらまだまだで、話になりません。あと5年くらいは時間をかけて、中国料理の深淵に到達できるよう、これからもじっくり探究し続けたいと思っています。

心得

1人でも歓迎してくれる店は多い

日本のみならず世界でも、美味しいものを食べることが趣味だったり、自分の生きがいになっているフーディーはどんどん増えてきています。そして、フーディーの中には、僕を含め、1人で食べに行く人も多い。ピエモンテの三つ星レストラン「ピアッツァ・ドゥオーモ（Piazza Duomo）」にはほぼ毎年食べに行っているのですが、2023年に行ったときは、フロアに8テーブルあるうち、3テーブルが1人の外国人客でした。僕はたまたま友人たちと行っていたのですが、サービスに聞くと、近年、料理を目的に旅する1人客が増えた、とのことで驚きました。

お店からすると、商売の観点では、テーブルがきっちり埋まるのが理想です。つまり、2名席には2人、4名席には4人入ってくれるのがベスト。そして、お店を応援する立場からしたら、できればそういうぴったりの人数で伺いたい。食べ手としても、理想的には、自分と同じように食と向き合っている人と一緒に食べるのがベストかもしれません。同じものを食べて感想を伝え合うことによって、解像度が上がることもあるからです。1人だと言語化できなかったことが、誰かの言葉によって「確かにそうだ」と気づけることもある。音楽や演劇で、一緒に行って終わった後に「あれ、良かったね」といい合えれば、より楽しめるのと同じです。ただ、地方や海外だと、なかなかフルタイムの仕事をしている友人は休みを取れず、現実的に一緒に行くのは難しい。なので、申し訳ないと思いつつも、僕は1人で行くことが多いのが現実です。

1人でも歓迎してくれる店はある

お店によっては、1人予約は受け付けないという店もたまにあります。あるシェフにいわれたんですが、1人客はフーディーが多いので、真剣な顔して黙々と食べる人が増えるとお店の雰囲気が壊れる。これは確かに一理あるので、お店の方針だとしたら、仕方ありません。

また、テーブルごとにぴったりの人数しか受け付けない（4人テーブルで3人は不可）店も、少数あります。たとえば、オンライン予約を採用している店だと、1人や3人を選択できないようになっているので、わかりやすい。その場合は、もしメールなどの連絡手段があれば、お店に問い合わせてみるのもありだと思います。そうすると、ぴったりの人数ではなくても入れてくれることもよくあります。断られることもありますが、僕の経験上、常に満席という店を除いては、OKしてくれることがほとんどでした。

ちなみに、後で触れますが、日本だと、食べるのが好きな人が集うコミュニティがあります。1人予約がダメなお店に行きたい場合は、そういうところで仲間を募るのもありだと思います。


個人的には、高級店であればあるほど、1人でも気を使わずに楽しめると感じています。海外だと、料理を待っている間、「読みますか?」とサービススタッフが雑誌を置いていってくれたり、頻繁に話しかけてくれたりすることもあります。カップルで2人だけの世界に入っていたり、家族やグループで会話が盛り上がっていたりすると、あえてそれを遮ってまでも会話には入っていかない。その分、1人だったら話しかけやすいというのもあると思います。忙しそうにしているときに呼び止めるのは迷惑ですが、向こうから話しかけてくれる分においては、お店や料理についてどんどん聞いてみてください。

また、海外で1人で食べに行っていると、レストラン関係者だと勘違いされることもあります。フランスに住んでいた頃は、大体他の店で修業している料理人の卵だと思われることが多かった。単に食べるのが好きだ、と答えても、「キッチンを見て行くか？」と誘ってくれたり、メニューには2人前からと書かれている料理でも、「特別にハーフポーションで出してあげるから大丈夫だよ」といってもらえたことも。これこそ、ホスピタリティだと思います。

逆に予約を受けてくれたとしても、1人で行きづらいのは、回転重視のカジュアル店や人気店です。特に4人テーブルを1人で占有してしまうことになると、本当に申し訳ない気持ちになります。しかも僕はお酒が飲めないので、単価が上がらない。頑張って多めに注文することもありますが、行列ができるような店の場合は早く食べて次のお客さんに席を回さなきゃ、と思ってしまいます。

お店が受けてくれる限りは、基本、世界のどこでも1人で食べ歩くことができます。ただ、ひとつだけ例外があります。それは、香港や中国本土など、本場で食べる中国料理です。

僕が香港の友達に、「今度食べに行くから、最近できたおすすめを教えて」と聞くとします。そうすると、まず最初に聞かれるのが、「何人で来るの？」です。どういうお店が良いか、などではなく、まず人数が最重要なのです。屋台や麺や粥の専門店など、1人を前提にしている店は別ですが、中国料理のほぼすべての業態は大人数でシェアすることを前提にしています。ベストの人数は、お店にもよりますが、大体6~8人。これぐらい集まらないと、どんなお店も本領発揮できないといっても過言ではないのです。これは、中国料理の醍醐味が、鳥類1羽や仔豚、魚1匹を、丸ごと調理することにあるからです。

最近は、2人や4人でも注文できるテイスティングメニューを用意している店が増えました。少数の店ではありますが、1人向けのコースすらあります。ただ、それだと提供できる料理の幅が限られ、ただ少量炒めるだけ、のような技術が感じられないものが多くなってしまいます。また、日本人向けのガイドブックに必ず載っているくらい有名な香港の某レストランは、少人数の場合、大人数向けのコースの残り物を温め直して提供するということを普通に行っています。

広東料理なら、飲茶の店に行く、という選択肢があります。また、上海や香港などの都会にある現代的中国料理の店であれば、少人数でも温め直したものなどではなく、ちゃんとコースで楽しませてくれるところもあります。ただ、それ以外の圧倒的多数の伝統的中国料理においては、まずは人数を集めないと話にならない。わざわざ行く意味がない、ということになりかねないので、要注意です。

店選び

情報収集はソースの特性を理解しておく

食に興味がある人と初めて会うと、ほぼ必ず聞かれる質問があります。それは、「どこからレストランの情報を得ているんですか」「どうやって行くべきお店を選んでいるんですか」です。まずは、レストランの情報を得る方法はどういうものがあるのか、そして僕は主にどの手段を使っているのか、おさらいがてら、解説したいと思います。

レストランの情報を得る手段としては、左の表が挙げられるかと思います。代表的なものである食べログ、ミシュラン、Googleビジネスプロフィール（以下Googleマップ）、インスタグラム、口コミについては後で詳しく説明しますが、まずは簡単に解説しておきます。

どこからレストランの情報を得るか？

国内の場合

口コミサイト	食べログ、Retty
レストランガイド	ミシュラン、ゴ・エ・ミヨ、TERIYAKI、デスティネーションレストラン
Googleマップ	
SNS	インスタグラム、フェイスブック、YouTube、X、TikTokなど
口コミ	食べ歩き仲間、料理関係者

海外の場合

口コミサイト	OAD、トリップアドバイザー、Yelp、現地口コミサイト
レストランガイド	ミシュラン、現地グルメガイド、La Liste、世界のベストレストラン50、The Best Chef Awards
Googleマップ	
SNS	インスタグラム、フェイスブック、YouTube、X、TikTokなど
口コミ	食べ歩き仲間、料理関係者

口コミサイト

口コミサイトとは、食べに行った人がその感想や評価を書き込み、それがコンテンツとなるCGM（消費者生成メディア）です。食べログはレビュアーが点数をつけ、それが集計されてお店の評価になる一方、Rettyはおすすめの度合いをレビュアーがつけることはあるものの、お店として点数が集計されることはありません。よって、自分と好みが合う人をフォローして参考にする、という使い方がメインかと思います。食べログも同様のフォロー機能を導入しています。

ちなみに、ぐるなびやホットペッパーグルメといったレストラン情報サイトもありますが、これらは広告ビジネスです。利用者が投稿する機能もあるようですが、宴会需要だったりクーポン割引だったりが付加価値となっているので、利用目的が異なります。

海外だと、まさに本書のテーマにぴったりなのがOAD（Opinionated About Dining）です。アメリカ人フーディーのスティーブ・プロトニキが立ち上げたレストランリストで、世界を食べ歩いているフーディーによるレストランの評価を集計し、ランキングを発表しています。地域（ヨーロッパ、北米、南米、アジア、日本）、そしてジャンル（ヨーロッパの場合、本リスト以外にクラシックレストラン、カジュアル、チープイーツ）ごとに分かれているので、他のレストランガイドや口コミサイトでは埋もれがちなカジュアル店も見つけやすくなっています。

どんなリストやランキングも、誰が決めているか、どういうクライテリアなのか、アルゴリズムがどう設計されているか、によって癖はあるのですが、ＯＡＤはフーディーが投票して決めているので、フーディーの実感に最も近いリストだと思います。つまり、世界を食べ歩くうえで、最も役に立つ。世界中のＯＡＤ高評価店だけ回っていれば、それである意味十分です。ＯＡＤに載っていない良い店があるとしたら、それはまだオープンしたばかりでフーディーたちがまだ行っていないか、もしくはフーディーたちが行かない地方や国にある場合です。僕はＯＡＤの高評価店は一通り行っているので、こういうお店も発掘していますが、それはリストに載っているお店を回ってからで十分。それくらい網羅性が高く、役に立つリストだと思います。

ちなみに、日本のランキングの上位を見ると、食べログの高評価店ばかりで、大きな食い違いはありません。日本人だろうが外国人だろうが、さまざまなお店で食べている人の評価は似ており、人種や文化による違いは大きくない、ということがよくわかります。

規模が大きいのは、トリップアドバイザーです。ただ、美食という観点からはあまり参考になりません。食のために旅をする人が中心ではなく、旅をする人が食を評価しているので、リーズナブルなお店だったり、話題のお店だったり、というところが上位に来がちです。

Yelpは食べログのような口コミサイトですが、アメリカ発で、飲食以外のさまざまなビジネスも対象としています。アメリカでは使うことがありますが、レビューの点数は全く当てになりません。そもそも、レビュアーのバックグラウンドや考え方が違いすぎて、何らかのアルゴリズムでそれを集約しても、意味を持たないものになりがちだからです。なので、あくまでレビューの内容を読んで、信頼できそうかどうか自分で判断する必要があります。このあたりは、Google マップも同様です。

中国では、大衆点評という口コミアプリが圧倒的な存在感を放っています。飲食店だけでなく、観光地やホテル、カラオケからマッサージまで何でも評価でき、かつ予約が可能です。飲食店でいうと、デリバリーも可能ですし、高級店も含めほとんどのお店が割引クーポンや割引コースを出品しています。大衆点評なしでは、生活が成り立たないくらいのスーパーアプリなのです。ウェブ版がなく、中国語のアプリを見る必要があるので、中国語を解さない外国人にはハードルは高いです。ただ、ある程度アプリの操作に慣れると、黒真珠（Black Pearl）という大衆点評が主催するレストランアワードの選出店をチェックするだけでも、見る価値はあると思います。

レストランガイド

レストランガイドは、匿名または実名の調査員・審査員がレストランを評価する、というものです。ミシュランについては後で解説しますが、フランス発だとゴ・エ・ミヨ（Gault&Millau）もあります。大まかにいうとミシュランよりも評価が早い（ミシュランのほうが慎重）、かつ、新しい料理を評価する、というイメージがあります。

ラ・リスト（La Liste）は、フランス政府の後援で始まったレストランリストです。さまざまなレストランガイドやソーシャルメディアのレビューを元にデータベースを作成し、一定のアルゴリズムでスコアを算出しているという、ある意味まとめサイトのようなものです。始まった当初はどの情報ソースを参照したらこの店が上位に来るの、という理解不能なところもありましたが、ここ数年はだいぶこなれてきました。わざわざ行くべき店を探すという意味では、ＯＡＤを見ていればよいですが、ＯＡＤには一定水準以上のお店しか掲載されていませんし、そういうお店がある国しか対象になっていません。ラ・リストは掲載軒数が多いので、ＯＡＤが対象にしていない国や地域に行く機会があるときに、現地にある比較的良さそうなお店を探す、という目的では使えるかと思います。

イタリアで代表的なのは、ガンベロ・ロッソ（Gambero Rosso）とレスプレッソ（L'Espresso）です。この2つを見れば、イタリア人の業界関係者がどういうお店を評価しているか、一目瞭然です。イタリアにはミシュランガイドもあり、料理人への影響力という意味では絶大ですが、お店のセレクションはイタリア人が選ぶ現地のガイドと異なることも多い。僕は、現地のレストランガイドを参考にしています。イタリアの食の魅力は、高級店の「リストランテ」だけでなく、郷土料理を供するカジュアルな「トラットリア」や「オステリア」にもありますが、後者に関しては、スローフードガイド（Osterie d'Italia）が詳しいです。イタリア全土が網羅されていて、地元の人しか行かないような店もたくさんあります。僕がそれを参考に訪れると、英語が通じないようなお店で、「どうやってこの店を知ったの？」と不思議がられることも頻繁にあります。それぞれアプリ版があり、使い勝手もいいです。

スペインだと、ギア・レプソル（Guia Repsol）の一択です。スペインのミシュランガイドは、やはりフランス人的な視点というか、フランス料理的な意味で完成度が高かったりクリエイティブだったりするお店を評価しています。一方、ギア・レプソルはそういうお店も評価しつつ、アサドール（肉や魚をシンプルに焼くお店）や郷土料理でも高評価のお店があるので、スペインの食文化を楽しむという意味ではより参考になると思います。

他にも、北欧はホワイトガイド（White Guide）、イギリスはグッドフードガイド（The Good Food Guide）が役に立ちます。

日本だと、TERIYAKIは、僕も協力していますが、テリヤキストと呼ばれるキュレーターがお店を選んでいて、年に一度レストランアワードを発表しています。デスティネーションレストランも僕は関わっていますが、東京23区と全国の政令指定都市以外の、わざわざ訪れる価値があるレストランを、毎年10軒選出しています。地方を食べ歩く際は、参考になると自負しています。

ソーシャルメディア

ソーシャルメディアは、複数を使いこなしている方が多いかと思います。食でいうと、フェイスブックはつながっている友人からの情報、Xはラーメン店などカジュアルなお店の営業情報や限定メニューの確認が主、YouTubeやTikTokはお店情報というよりもエンタテインメント性重視、といったところでしょうか。SNSとしてはTikTokが勢力を伸ばしているものの、ファインダイニング（高級レストラン）となると、現時点では圧倒的にインスタグラムが中心になるでしょう。

自分の足で探す

ちなみに、自分の足で探して見つける、という人もいます。知らない街を訪れたときに、自分の嗅覚に従って歩き回ったら、良さそうな店を見つけた。入ってみたら、お店の人もよくしてくれて、料理も美味しくて、良い思い出になった。こういう経験、ある方もいらっしゃるかもしれません。実際、カフェなどカジュアル店ではこういうことは起こり得ます。僕はここ数年、春になると沖縄に2週間くらい滞在するんですが、すでに名前の知られているところは回り尽くしたので、カフェやカジュアルグルメの店が密集している地域を歩き回って、新しいお店を見つけたりしています。

ただ、自分の足で探す、を過信するのは危険です。まず、そもそも初めて訪れる街ならば、たまたま入った店を他の店と比較していないことになります。もっといい店が他にもたくさんあるかもしれない。だから、たまたま訪れた店がよかったのは、あくまで自分にとっていい思い出、ということでしかありません。それなのに、誰かがフェイスブックなどで「○○に行くのでおいしい店教えてください」、と投稿したときに、平気でその店をおすすめする人がいかに多いことか。親切心なのか、自己顕示欲なのかはわかりませんが、これは単純に迷惑です。

もうひとつは、特に美食に取り組んでいるお店ほど、繁華街のわかりやすい場所にはないことが多い、ということです。日本だったら、たとえ繁華街のど真ん中にあっても、看板がなかったり、外からは見えなかったりする。地方や海外だと、車でわざわざ行かなければたどり着けない立地だったりする。そういう店を、自分の足で探して見つけるなんて、不可能です。何のロマンも驚きもないかもしれませんが、結局は、ちゃんとその街に詳しい人に聞いたり、メディアで調べるのが王道、ということです。

店選び

「食べログ」をどう使うか?

日本の食べログは、いろいろな批判もありますが、個人的にはレストランを頻繁に食べ歩いている人の感覚とそれなりに合致していると僕は感じています。もちろん、僕個人がその点数や順位に100％賛同するかというと、そんなことはありません。自分が気に入らない店がたとえばトップ10に2、3軒入っているからといって食べログは信用できない、という人もいますが、点数は不特定多数の評価をアルゴリズムによって集計した結果でしかないので、そんなものだと思います。逆に、より多くの人が、食べログより妥当性がある、と感じるランキングはあるでしょうか？　比較的ＯＡＤがいい線いっていると個人的には思うものの、多分現時点では存在しない。完璧でないからといって食べログに文句をいっている人は、逆にどれだけ食べログに期待しているの、と思ってしまいます。

食べログの評価システムと特徴は、そのアルゴリズムにあります。あくまで僕の印象ですが、食べログのアルゴリズムは、サクラなどの不正の影響を削ぐことを最重要視していると思っています。

具体的にいうと、いろんなお店で実際に食べていて、影響力のあるレビュアーは、配点のウエイトが高い。だから、そういう人が点数をつけると、お店の総合点が目に見えて動くことがあります。逆に、特定のお店を陥れる目的で捨てアカウントをどんどん作って悪い評価をつけたり、逆に自分のお店の評価を上げようと5点をつけたりしても、ほとんど影響がありません。

もちろん、どんな方法論も完璧ではありません。食べログの場合、影響力のあるレビュアーが力を持ちすぎる、という懸念はあるでしょう。また、新しくオープンした店は、そういうレビュアーが何人か食べに行って評価するまで、点数がつかない、もしくは基準点の3点近くにとどまってしまう、という課題もあります。つまり、不正を防止する代償として、速報性が犠牲になっている側面があります。

このことは、逆に食べログを使いこなすコツにもつながります。僕は、全体のランキングや点数を見ることはあまりありません。知っているお店がほとんどだし、細かな点数や順位の上下には意味がないと思っているからです。ではどう使っているか。それは、新しくオープンした注目店舗の検索に使っているのです。具体的にどうやるか。それは、エリアやキーワードを指定した先のお店のリストの画面で、タブを「ランキング」から「ニューオープン」に切り替えるのです。このままだとファストフードチェーンなども入ってきてしまうので、最低金額やジャンルなどで切る。そうすると、より見やすいリストになります。あの有名店の支店ができたんだ、とか、あの店の二番手が独立したんだ、とかここで気づくことも多い。あとは、写真が気になる店は、コメントを見てみる。すると、まだコメントが5件ほどしかついていないけど、どれも4点超え。ヘビーレビュアーはまだ来ていないけどレビューの内容がサクラっぽくない。こうやって、いち早く注目のお店を見つけています。

また、先ほど少し触れましたが、食べログは他のレビュアーをフォローして、その人の投稿がタイムラインに流れてくるようにすることもできます。自分と好みや考え方が似ている人のおすすめは、場合によって点数評価以上に役に立つことがあります。どのレビュアーが好みに合うのかわからなければ、まずは、僕も参加していますが「グルメ著名人」のアカウントをフォローするところから始めてもいいかもしれません。

最近は、自社メディアの「食べログマガジン」の記事も充実してきました。ここでもニューオープンの店が情報発信されていて、参考になると思います。

店選び

料理人のパスポートである「ミシュランガイド」

レストランガイドとして世界で最も有名なのは、やはりミシュランガイドでしょう。ミシュランガイドは、タイヤメーカーのミシュランが、フランス各地にある美味しいレストランを紹介し、そこに行くためにたくさん自動車を走らせてもらい、タイヤを使ってもらおうということで誕生した経緯があります。東京版やカリフォルニア版、タイ版の授賞式に出席させてもらったことがありますが、タイヤメーカーとしてのモビリティというのは今もテーマになっていて、スピーチなどでも必ずこの話が入ってきます。

もともとはフランスだけでしたが、今や世界各国、国によっては地域ごとに展開されるようになっています。昔のように本が売れる時代ではないので、新規にカバレッジするエリアについては、地方自治体がスポンサーとして資金を拠出して調査費用を賄っているようです。これが、自治体による食を通じた地方再興のひとつの有力な手段となっています。

ミシュランガイドといえば、2020年度版より、一般から予約を受け付けない完全紹介制のお店が、非掲載になりました。結果的に、三つ星を獲得していた有名な鮨店「すきやばし次郎」と「鮨さいとう」が対象外になったのです。ミシュランのスタンスを想像するに、ミシュランガイドを見たユーザーが行けるお店が掲載されているガイド、にしたいのではないかと思います。予約が困難なことはあるとしても、取れる可能性がゼロのお店は載せない。

これは、東京のように完全紹介制のお店が多い都市においては、最高峰のお店が何軒も掲載されない、ということを意味します。そもそも、東京は最初からミシュランガイドに掲載されていない名店が数多くあるので、今さらではありますが、「東京最高峰のお店が網羅されたガイド」ではなく、特別なコネクションがなくても行けるお店が載っている「使えるガイド」にさらに舵を切った、というように僕は感じています。

僕が考えるミシュランの特徴のひとつは、必ずしもコストパフォーマンスが重視されていない、ということです。食べログなど食べ手が評価するレストランランキングと比較すると、ミシュランが星を付けているのにランキングでは評価が低いことがあります。こういうお店は、大体コスパが良くない傾向が多いと思っています。実際、ミシュランガイドのインターナショナルディレクターであるグウェンダル・プレネックに直接聞いたことがありますが、コスパはsecondary、つまり最優先ではなく二次的な要素、だといっていました。逆にいうと、若干割高でも予約が比較的取りやすい店が見つかる、ということにもなります。

この2つを踏まえると、ミシュランガイドはどう位置づけられるべきか。それは、その土地に縁もゆかりもない人にとって有用なレストランガイドです。実際、初めて食を目的に日本に来る外国人のほとんどは、ミシュランガイドを参考にしています。完全紹介制のお店の予約を持っている友達はいないので、ホテルのコンシェルジュに頼んだり、自分でネット予約する必要がある。そして、頻繁に来れるわけじゃないから、多少割高でも上質なお店に行きたい。使う人のペルソナを想像すると、こんな感じでしょうか。そして、何度も来るようになったり、予約困難店に通っている日本の友達ができたりすると、大体食べログも使うようになるのです。

逆に、日本人が海外に行くときのことを考えてみましょう。同様に初めての訪問だったり現地に知り合いがいなかったりすると、ミシュランガイドは大変役に立ちます。海外の場合、完全紹介制・会員制のレストランというのはほとんどありません（イギリス発祥のジェントルメンズ・クラブなどはあるものの、レストランだけではない社交クラブなので除外します）。国や都市によっては予約困難店はあるものの、東京とは比べ物にならないくらい少ないし、そういうお店もミシュランガイドに載っている。そうすると、早めに予約をトライするなどすれば、どうにかなることが多い。ダメなら、他の店をトライする。多少割高でも、せっかくそこまで行くんだから、予約が取れる店を押さえる。すると、ミシュランガイドで大体事足りることが多いのです。その後、国によっては、より詳しくなってくると、地元のレストランガイド（英語圏以外は現地語）を参考にするようになることもあります。ただ、まず最初の入門編としては、ミシュランガイドは有用だと思います。

そんなミシュランガイドですが、もうひとつの特徴があります。それは、料理人側への大きな影響力です。

日本でも、ミシュランの星が付いた、というのはニュースになりますが、ヨーロッパ、特にフランスにおけるミシュランの権威というのは、絶大なものがあります。フランスでは、ミシュランの評価でシェフの人生が本当に変わってしまう。ベルギーやスイスなども、大きな影響力があります。美食の国イタリアやスペインでは、食べ手側は自国のレストランガイドを参考にすることのほうが多いものの、シェフへの影響力はミシュランが圧倒的です。

たとえば、ヨーロッパのシェフが中東や南米に呼ばれてイベントで料理をするとき、シェフの名前自体は現地で知られていなくても、「このシェフはミシュラン二つ星です」というのは、絶大な売り文句になります。また、ある一つ星レストランの日本人シェフがいっていましたが、海外に食べに行くときに、自己紹介をする(そして星を取っていることがわかる)と、お店側の対応が一変する、とのことです。

その意味で、ミシュランは、料理界のパスポートだといえるかと思います。その料理人が日本から出ないのなら、正直あまり関係ない。ただ、海外でイベントをしたり、お店を出したりとなると、ミシュランの星を取っているということが他の称号よりも強いことが多い。なくても海外で勝負できないことはないものの、新たな可能性が開かれるという意味で、パスポート、最低でもファストパスくらいの効果は十分あるかと思います。

また、フランス料理の修業をしてきた料理人にとっては、ミシュランは特別だという思いもあるでしょう。だから、食べ手が思っている以上に、料理人にとってはミシュランの評価は大事なのだと思います。

店選び

「世界のベストレストラン50」は美食のオリンピック

ガストロノミーの世界では、近年、「世界のベストレストラン50」が存在感を増しています。

世界各国の1000人以上の匿名評議員が、自分がベストだと思う世界のレストランに投票します。その集計結果が、第1位から50位まで発表されるというものです。また個別のレストランやシェフに与えられる特別賞もありますし、最近は第51位から100位のリストも事前に発表されます。

評議員は、27の地域に分かれ、40人ずつ任命されています。たとえば日本はひとつの国でひとつの地域ですが、アジアだと中国本土と韓国がひとつの地域、東南アジアは北と南の2つの地域に分けられています。評議員の属性としては、34％がシェフとレストラン関係者、33％がフードライター、残り33％が世界を食べ歩くグルメ、という構成。ジェンダーバランスは50：50、かつ評議員の4分の1が毎年入れ替わるというルールになっています。ここ数年はコロナ禍の影響でイレギュラーでしたが、基本、評議員は最大10票投じることができ、そのうち6～7票までは自分の地域のレストラン、それ以外は他の地域のレストランに投じることができます。

このルールが意味するところは何か。それは、たとえ日本の評議員が日本のお店を応援したいと思ったとしても、最大6～7票までしか投じることができない。日本はひとつの国がひとつの地域になっていて、評議員が40人いるのは有利だとしても、それ以上に日本はレストランのレベルが高くて候補が多すぎるので、票がどうしてもバラけてしまう。日本のお店が上位に入ろうと思うと、海外票をいかに獲得できるか、が大事になってきます。逆に、高水準なお店が少ない地域の場合、特定のお店に票が集中するので、有利になることもある。結果として「世界のベストレストラン50」は、レストランの地域がばらけるような設計になっているのです。

すべてのランキングやリストは、どう評価するかの審査方法やアルゴリズムによってどういうお店が選ばれるか決まってきますが、僕の見解では、「世界のベストレストラン50」は、オリンピックに近い、と思っています。オリンピックは、ある競技において世界ランク上位の何十人が出場できる、というものではありません。個人競技の場合、国際競技連盟が定めた基準に基づいて出場枠が各国に配分され、国ごとに選手が出場を争います。結果として、その競技の強豪国でぎりぎり出場を逃した選手のほうが、そうでない国で出場を決めた選手より成績が上、ということはざらにあります。

アジアでいうと、日本は強豪国に当たります。OADは、昔アジアに日本を含めてひとつのランキングを発表していたのですが、トップ50のうち約8割が日本のお店、という結果になってしまいました。これでは、あまりに偏りすぎていると主宰者が考えたのか、その後、アジアと日本は別のランキングになりました。日本は、OADで唯一、ひとつの国でひとつのランキングを持っているのですが、それくらい、高水準なのです。僕は、アジアが別のランキングになってよかったと思います。そのことで、光が当たるレストランが増えたからです。

僕は、「世界のベストレストラン50」は、世界のレストランシーンの多様性を祝福する場だと考えています。「どうして日本のレストランは少ないのか」「日本のこの店よりも、海外のこの店のほうがランキングが上というのはおかしくないか」という声も聞こえてきますが、そもそもそういうアルゴリズムになっていないので、順位を気にしても意味はない。ガストロノミーの発展途上国で頑張っているレストランを発見し、その努力を称え、応援する。それが、このリストの主な意義だと個人的には思っています。

店選び

玉石混淆だが、速報性に優れた「Googleマップ」

最近、お店を調べるうえで存在感を高めているのが、Googleビジネスプロフィールです。Googleの検索結果でもお店情報は表示されますが、主にはGoogleマップで検索することが多いかと思います。

では、Googleマップをどうやって使うのか。「東京　イタリアン」のような広範囲の検索には向きません。お店の総合スコアがあまり当てにならないからです。総合スコアは個別ユーザーのスコアの単純平均ではなく、アルゴリズムによって決まっているとはいわれていますが、食べログと比べると、とても機能しているとは思えない。アメリカでいう食べログに当たるYelpも同様なので、海外発の口コミサイトはそういうもの、と捉えておいたほうがいいのかもしれません。

逆に向いているのは、特定の狭い地域内でカジュアル店（カフェやスイーツなど）を探す場合です。食べログのヘビーレビュアーは主に高級店を回っている人が多いので、カジュアル店は必ずしも投稿が多くありません。良いお店もそうでないお店もどれも3・5前後に固まっている、ということもあります。Googleマップの場合、カジュアル店こそ口コミが充実しています。中身はかなり玉石混淆で、食べログだったら規約違反ではねられるであろうものも平気で載っていますが、「玉」を選べばいい。特定の地域内であれば、総合スコアはあまり気にせず、片っ端から口コミを見ていくことで、思いがけず良さそうなお店と出会えることが多いです。そして、念のため食べログでもチェックしてみる。大体の場合、カジュアル店はGoogleマップのほうが口コミ数が多い。食べログの場合、投稿するうえでのハードルが若干高いこともあるし、ユーザー層も違う、ということかと思います。だから、逆にGoogleマップのほうが速報性があるともいえるかと思います。

特に、海外ではGoogleマップの便利さは圧倒的です。食べログのような情報が充実したサイトがない国においては、料理写真もあるし、ユーザーが撮ったメニューの写真もあったりする。口コミのところでトップに上がってきているサジェストを見ると、みんなその店で何を注文しているかもわかる。いろんな国の言葉が自動翻訳される。本当に便利です。

ただ、写真や口コミを見て、どういうお店か判断できるようになるためには、トレーニングが必要になると思います。それができる人にとっては、非常に有用なサービスとなっているのです。

店選び

「インスタグラム」の美食使いこなし術

国内外のレストラン情報を得るうえで、インスタグラムを活用しているという方は多いのではないでしょうか。僕の場合、7～8年くらい前までは食べ歩きをフェイスブックに投稿していたんですが、それ以降、完全にインスタグラムに移行しました。仲間内で情報を共有する分にはフェイスブックが向いているのですが、不特定多数に向けて発信しようとすると、圧倒的にインスタグラムだと思います。

インスタグラムの特徴は、まずお店自身がアカウントを開設して発信している場合が多い、ということです。フェイスブックなどでもアカウントは作れますが、お店の世界観を伝えるという意味では、写真や動画を前提にしたインスタグラムが最も向いています。お店の雰囲気が何となくわかったり、どんな料理が提供されているかわかる、というだけではありません。仕込みの様子の動画を見て、どういう作業が裏で行われているのかを知る。新メニューの開発の投稿を見て、どんな考えや試行錯誤があったのかを知る。料理をより深く、「美味しい」の段階まで深掘りして楽しみたい人にとって、非常に相性の良いメディアだと思います。

また、お客さんが作成した動画も同時に見ることができます。アカウントがあればタグ付けされることが多いですが、アカウントを作っていないお店に関しても、店名などで検索すれば情報が出てくることがほとんどです。

日本国内においては、食べログへの投稿禁止、を掲げている掲載拒否のお店もあります。その中には、常連さんとそのつながり以外には一切情報非公開、というお店もなくはないですが、食べログはダメでもインスタグラムはＯＫ、というパターンが多いように思います。そうすると、インスタグラムの有用性はより高まります。

すでに知っているお店や他の情報ソースから知ったお店をインスタグラムでフォローする、という使い方だけでなく、インスタグラムで新しいお店を発見することもできます。

王道なのは、食べ歩いている人、自分の好みに合いそうな人のアカウントをフォローして、その人がアップしているお店をチェックする、というやり方です。ではそういう人をどうやって見つけるか。簡単なのは、自分がよいと思ったお店で検索して、そのお店がタグ付けされている投稿を確認する。数ある投稿の中で、自分と感性が合いそうなものや、コメントに共感できるものを見つけ、そのアカウントをフォローすればいいのです。

食材や料理名で検索する、という方法もあります。たとえば、僕はフランス料理のパイ包みやパテアンクルートが好きなので、それで検索をかけました。その結果、東京の「à table」や「TROMPETTE」、地方だと愛媛の「ヴィオロンダングル」と出会えました。一方、食べログなどの口コミサイトで「パイ包み」で検索すると、その言葉がレビューに含まれるお店が全部出てきてしまうので、パイ包みが名物のお店がそうでない大多数のお店の中に埋もれてしまいます。よって、この使い方はインスタならではかと思います。

地域と料理ジャンルで切るやり方もあります。これは、地方を食べ歩くときに、ランチとディナーの間で使うことが多いのですが、「○○市 かき氷」といった具合です。動画が美しくても美味しいとは限らないので、内容を見極めたり、他の情報ソースでダブルチェックしたりするのは必要ですが、僕は頻繁に使っています。

あとは、マニアックな使い方になりますが、自分がフォローしているお店が、他のお店とコラボする、という投稿をアップすることがあります。このコラボに行くというのももちろんありですが、そのコラボ相手をチェックするのです。コラボするということは、考え方が似ていたり、共感できるところがあるという可能性が高い。この手法は非常に有用です。

店選び

参考にならない？ 口コミの盲点

いうまでもなく、口コミは非常に強力です。僕自身、国内外の食べ歩き仲間からの情報に基づいて新しいお店を知り、食べに行くことは多いです。リピートするお店を除くと、新店開拓の半分強は口コミによるものではないかと思います。

ただ、口コミを上手く活用するには、いくつか留意点があります。

まず、自分と方向性が合う人の口コミかどうか。自分が「美味しい」を求めているのに、「うまい」を求めて食べ歩いている人の情報は、必ずしも参考になりません。イノベーティブな料理が好きな人と、伝統料理が好きな人でも、好みが違います。また、金銭感覚も同じです。お金があるなしにかかわらず、最高の食事体験には1食5万円払ってもいいという人もいれば、どれだけ素晴らしい食事でも2万円以上はあり得ない（数年前、ある大手ホテルグループの社長の口から聞いて、驚愕しました）という人もいます。

次に、口コミをフェイスブックで募集する際によくあることなのですが、古くて役に立たない情報を教えてくる人がいかに多いことか。たとえば、コロナ前とコロナ後では、世界のレストランシーンは大きく変わりました。なので、5年前に行った、という情報は役に立たない可能性がある。また、すでに触れましたが、たまたま出会ったお店をノスタルジーだけでおすすめしてくる人。これも、誰にとっても行く価値のある店なのかどうかを見極める必要があります。

地元の人の口コミも要注意です。よく、地方でタクシーに乗ったときに、運転手に聞くと地元民しか知らない良い店に出会える、という話を聞くことがあります。お店の絶対数が少なければ、そういう場合もあるでしょう。ただ、そのタクシーの運転手が食に関して見識が広いとは限りません。通っている店となると、高くても美味しい店ではなく、安くてまあまあ美味しい気軽な店であることも多い。ミシュランガイドのところでも触れましたが、わざわざその土地を訪れている人と、そこに住んでいる人では、当然ながら金銭感覚が違うのです。

ある地方の人と地元の鮨屋の話になったんですが、いろんな名前が出る中で、その街といえばここ、という有名店が出てきません。こちらから聞いてみると、「ああ、そこね……昔は毎月のように通ってたけど、今はもう行かなくていいと思うよ」と口を濁すのです。突っ込んでみると、県外のお客さんが増えて予約が取れなくなったり値段が上がったりしたので、最近行っていないとのこと。予約が取れないといっても、実際数カ月後では取れる。ただ、昔のように予約なしでふらっと入るのは無理になってしまった。でも数カ月先の予約なんて取りたくない（田舎だとそういう習慣がない）、ということのようです。自分が行けなくなったことが悔しくて、行かなくていいといってしまう。似たような話は地方で本当に多いんですが、地方で頑張っているお店は大体その同じ地方の人が足を引っ張っている、という構図です。

これは地方だけでなく海外でも顕著ですが、わざわざ遠方からお客さんが集まるようなお店は、地元の人は行ったことがない、もしくは知らないことすら多い。なので、本当に役に立つのは、他の地方も含め幅広く食べ歩いていて、地元のお店を客観視できている人のアドバイスのみです。

店選び

僕のレストラン選びの結論

これらの情報ソースの特性を踏まえたうえで、どう使いこなしてお店を選ぶか。日本の場合、気になるお店を見つけたら、まずは食べログで調べるのが近道かと思います。お店のウェブサイトも確認するとしても、食べログのほうが情報が充実していることが多い。また、どうせGoogleマップで場所を確認するでしょうから、Googleの口コミも見る。インスタグラムもチェックする。ここまでやれば、どういうお店かは大体わかります。

食べログに載っていないお店の場合や海外の場合は、お店のウェブサイト、インスタグラム、Googleマップが中心になるでしょう。お店のウェブサイトもインスタグラムのアカウントもない、というのはヨーロッパやアジアの田舎にある店やカジュアル店で多いのですが、その場合でもGoogleマップはほぼ間違いなくあるので、料理写真を参考にすることができます。

長年考えながら食べ歩いていると、写真を見るだけでそのお店の特徴や実力がある程度はわかるようになります。西洋料理のファインダイニングだと、たとえば料理が皿の中心に盛られているか、それとも端のほうに盛られているか。また、主となる食材が一目瞭然か、それともわかりにくいか。必ずではありませんが、前者は比較的伝統的な料理、後者は比較的新しいスタイルの料理であることが多い。また、ソースとして泡が添えられていると、それは分子ガストロノミー（3章で説明します）以降の技法なので、現代的な料理である可能性が俄然高まる。鮨であれば、握りの姿を見れば、目指している方向性はなんとなくわかります。割烹であれば、たとえば八寸があるかないかで流派や考え方が見えてきます。この辺りは、個人個人の経験則でしかないので、自分自身考えながら食べ歩いて経験を積み重ねる以外にわかるようになる方法はありません。

もうひとつ、ヒントになるのは、シェフの世代です。30代のシェフが作るフレンチと、70代のシェフが作るフレンチは、全く違う。たとえどちらも古典料理だったとしても、写真を見て間違えることはまずありません。積み上げてきた年数が違うからです。また、シェフ自身の食体験も違う。生まれたときからいろんな海外の食材が身近にあって、小さい頃から食べていた30代と、大人になってから初めて食べた70代では、感覚が同じであるはずがありません。いわば、デジタルネイティブとそうじゃない人くらいの違いがあります。どちらがいい、悪いではなく、自分と世代が近いから馴染むこともある。逆に、世代が違うから新鮮に感じることもある。

ひとついえるのは、レストランは常連さんと一緒に歳を重ねていくものです。長年かけてお店と常連さんが一緒に作った味を楽しむのも勉強になりますが、若い方であれば、同世代の料理人と一緒に時を刻んで成長していく。そういう楽しみ方も、ありだと思います。

もしメニューの写真があれば、そこからも多くの情報を読み取ることができます。なんなら、料理写真がなくても、メニューさえ見れば大体のことはわかる。後で別途考察しますが、西洋料理でアラカルト中心のお店であれば、昔ながらの料理である可能性が高い。逆に、コースしかないお店は、ほとんどがイノベーティブだったり現代的だったりします。また、メニューに調理法がなく食材だけが羅列されている場合も、ほぼ間違いなくイノベーティブ料理でしょう。

また、地元食材にフォーカスした店か、そうでないかもメニューを見るとわかることがあります。僕は、せっかくその場所に行くのだから、基本は地元食材を使っているお店に行きたい。もちろん、あるひとつの地方の食材が肉から魚、野菜まですべて世界最高峰ということはあり得ないので、強い食材だけでなく、そうでないものをどう技術で補って料理に仕立てるかを見たいと思います。逆に、世界中から最高峰の食材を集めています、というお店もあります。うまいものが食べたいという方は、こちらのお店のほうがよいでしょう。いずれにしても、メニューから方向性を見分けることで、間違えたお店に行くリスクは減らせます。

同様に、日本人が海外のお店を検討するうえで気をつけておきたいのは、日本やアジアの影響を受けているレストランが多いということです。現地のフーディーも絶賛するミシュラン三つ星レストランに行ってみたら、日本の食材ばかり使われていた、ということが今や頻繁に起きる時代になりました。たとえば、柚子は世界中で現地生産され、使われているので珍しくもありません。WAGYUは4章で触れますが、日本から輸入している黒毛和牛のこともあれば、日本国外で生産されている和牛血統の交雑種の可能性もあります。ただ、いずれにしても、和牛の血が入っていて、慣れ親しんだ風味はあります。また、店によっては、味噌という単語がメニューに出てきますが、日本から輸入しているものもあれば、何らかの野菜を自分たちで味噌風にしている場合もあります。

個人的には、日本の食文化に影響を受けて、現地の食材を使っているお店は、大歓迎です。自家製味噌などまさにそうですし、自前で醤油を作っているレストランもドイツにありました。アジアだとどうしても魚介に限界があるので、日本のものを使わざるを得ないことがありますが、その場合もいかに調理してそのシェフならではの料理に仕立てられているかを見ます。

日本やアジアの影響をどれくらい、そしてどういう形で受けているか。それを知ったうえで選択すれば、期待値とのギャップも生まれにくくなります。

店選び

予約が取れないお店に行く方法

日本、特に東京を食べ歩くうえでぶつかる最大の困難は、予約が取れない店がたくさんある、ということでしょう。ミシュランガイドの対象外になるような完全紹介制・会員制のお店だけで、もしかしたら100軒近いかもしれません。クラウドファンディングが広まり、会員でないと予約が取れない店が増えたことも一因だと思われます。中には、紹介制・会員制であることを売りにしている中身が乏しい店もありますが、東京で最高峰のお店の多くが完全紹介制であることは事実です。これほど、予約が取れない店が多い国は、世界で他にありません。

先に触れましたが、海外の場合、ジェントルメンズクラブなどレストランではない業態を除けば、完全紹介制・会員制のレストランというのはほとんどありません。世界のベストレストラン50にランクインするお店で、どれだけ頑張っても予約が取れないお店は何軒あるでしょうか。上から順に見ていくと、スペインの「ディベルソ（DiverXO）」「アサドール・エチェバリ（Asador Etxebarri）」は確かに相当難しい。コペンハーゲンの「アルケミスト（Alchemist）」、そして殿堂入りしている「ノーマ（Noma）」。フランスでほぼ唯一予約が困難なのが、パリの「プレニチュード（Plénitude）」。ここも、宿泊しない限りは相当難しい。これでほぼすべてです。あとは、予約が不可能ではないものの困難なお店や、わざわざ国外から行く必要がない地元民向けのお店が、世界で数十軒ある程度です。つまり、日本を除く世界中で合計50軒もないと思います。だから、早めに予定を立てて、予約開始日にオンラインで予約をすれば、大体のお店は確保できます。

では、日本で予約が取れないお店に行くにはどうすればいいか。一番の近道は、そういうお店を食べ歩いている人たちのコミュニティに入ることです。主にフェイスブックやLINEでグループを作っていることが多いのですが、そうしたコミュニティでは、「予約を取ったけど行けなくなったので、誰か行けませんか」「6人の席を予約しているので、残りのメンバー募集をします」という投稿が頻繁に飛び交います。こんなに予約困難店の募集が出るのか、と驚くこともしばしばです。こういう予約にのっかると、自分でトライしても予約が取れない店に、思いのほか簡単に行けてしまうのです。

そういうグループに招待してくれる食べ歩き仲間がいないという方は、Foodies Primeがおすすめです（僕が顧問を務めています）。これは、アプリ上で食事会のメンバーを募集できる無料サービスです。こちらでも、つてがないと絶対予約が取れないお店が常時多数掲載されています。ソーシャルメディアになっているので、幹事や他の参加者がどういう人かプロフィールを確認できる安心感もあります。また、有料コミュニティだと、TERIYAKI美食倶楽部があります。グルメアプリのTERIYAKIが運営しているのですが、月に20～30回程度、人気店で食事会が開催されています。

また、僕は人見知りなので得意ではありませんが、食べに行ったお店で他のお客さんと仲良くなるのもひとつの方法です。海外在住のフーディーは、こうやって日本に食べ歩き仲間を作っている人がたくさんいます。また、自分が好きで通っているお店の大将やシェフが、他のフーディーを紹介してくれるということもあります。オープンな気持ちで食べ歩いていると、自然とこういうつながりは増えるものなのです。

気が合う食べ歩き仲間が増えると、予約困難店に席を持っている人とつながる可能性も高まるでしょう。また、仲間がいることで、先々の予約が取りやすい、というメリットもあります。店によっては1年以上先の予約を取る必要がありますが、予定が決まっていなくて、行けるかどうかわからない。そういうときも、万が一行けないときは仲間の誰かに行ってもらう、という形にしておけば安心です。お店によっては、本人じゃないとダメ、という場合もあるので要注意ですが、知らない第三者に予約を譲るのではなく何人かの仲間内の誰かが来る、ということであれば、お店側としても安心感があるかと思います。

僕の場合、海外で開催されるレストランアワードの授賞式やコラボイベントの日程が判明するのが3カ月前、下手すると1カ月前だったりするので、なかなか自分で先々の予約を取るのが難しい状況です。なので、自分で季節ごとに1年先まで予約を取っているお店というと、日本中で3軒ほどしかありません。それ以外に定期的に通っているお店は、師匠の寺門ジモンさんだったり、他の仲間が取っている予約で、東京にいるタイミングで参加させてもらっています。このフレキシビリティは、本当にありがたいです。

食べ方

コースか、アラカルトか

和洋ジャンル問わず、日本の高級店のほとんどは、コース（お任せ）を提供しています。中にはコースとアラカルト（お好み）の両方を提供しているお店もありますが、大半はコースのみです。そして、カジュアルなお店になればなるほど、アラカルトが増えるように思います。

海外の高級店は、国によって状況は違いますが、西ヨーロッパではどちらもある店が多い印象です。コースは、その店の名物料理を集めたベストヒットのコンピレーション的位置づけなのが典型的で、シェフの最新の創作を盛り込んだコースも別にあることがあります。店によっては、たとえば海のものと山のもの、もしくは野菜中心と肉や魚も入るもの、というように、方向性が違うテイスティングメニューが2〜3種類が用意されているということもあります。いずれにしても、シェフが食べてほしいもので構成されていることが多い。逆にアラカルトは、コースを避けたい人のためのものになっていて、コースにも含まれる料理以外は、普段使いする常連さん向けだったり、クリエイティブ過ぎない保守的な料理を好む人向けだったりします。よほど伝統的な店であれば別ですが、高級店でアラカルトのみ、というのは今や少数派だと思います。

アメリカは、逆にアラカルトが主流です。高級店でもアラカルトだけの店は一定数存在するし、アラカルトとコース両方の店もあります。コースだけの店は、極めて少ない。大都市だと、シカゴは比較的多い気がしますが、それでも数軒。ロサンゼルスとなると、そういう意欲的なお店のうち何軒かはコロナ禍で閉店や業態転換を余儀なくされたので、片手で足りるくらい。ガストロノミーを追求するのに、本当に難しい場所だと思います。

アメリカは別として、日本やヨーロッパ、アジアの高級レストランにおいては、コースの比重が高まっています。その理由のひとつは、レストランの経営に関わります。アラカルトをやるとなると、仕込みの時間も増えることが多い。日本では働き方改革が唱えられ、世界ではコロナ後の人材不足が問題になる中で、必要に迫られてコースのみに転換する事例が増えています。また、アラカルトだと、どうしても食材の廃棄が出てしまいます。よって、現実的にいうとコスト削減、よくいうと環境負荷を抑えるサステナビリティの観点からも、アラカルトが難しくなっているのです。

そんな難しい立場に追い込まれているアラカルトですが、アラカルトのみの店はそれなりの楽しみ方があります。僕が心がけているのは、そのときにシェフが食べてほしいと思っているであろうものを選ぶことです。複数ある選択肢の中には、レストランとしてメニューのバランスを取るために入れているものと、料理人が力を入れていて食べてほしいものと、その両方が入っているものです。

メニューはシェフからの挑戦状、といえば大げさですが、ちゃんとした店であれば、シェフの考えや思いが込められています。具体的には、他とは毛色が違う食材だったり、意外性のある食材の組み合わせだったり。海外で、シェフが食べてほしいんだろうなと思うものを想像して注文すると、シェフが表に出てきて僕に話しかけてきたことが何度もあります。もちろん、せっかくのアラカルトなので、自分の好きなもの、そのときに食べたいものを食べるというのでもいい。でも、たまにはその中に、シェフが頼んでほしいだろうな、と思うものも入れてみる。そういう料理のほうが、シェフのモチベーションが高いことが多いのです。

ちなみに、多くの日本人が海外に食べに行ったときに気にするのが、コースを注文すると量が多すぎないか、食べきれるか、です。昔ほど無茶な量が出てくることはないものの、確かに日本のレストランよりは多いことがほとんどです。また、量は変わらないとしても、味付けが濃かったり、食材が強かったりするので、食べ疲れることもあります。

ただ、じゃあアラカルトにすれば量が少ないか、というと、そんなことはありません。皿数は減っても、逆に1皿あたりの量が増えてしまいます。日本人は、ひとつのものをたくさん食べるよりいろんなものを少しずつ食べたいという方が多いと思いますので、なおさらアラカルトはおすすめしません。

唯一できることは、たくさん食べられないので量を少なくして、とお願いすることくらいです。ただ、量を少なめに、といっても、変わらず通常の量で出てくることもあります。そのほうが、実は多いかもしれない。量を調整するのが難しい皿もあるからです。その場合は、残してしまって全く問題ありません。食べきれないから残していることは、サービススタッフに伝わるので、理解してもらえるでしょう。欧米人の中には、「これは好みじゃないから残す」とはっきりいう人もいます。それに比べると、日本人は気にし過ぎなのかもしれません。

食べ方

食べ歩きのプランニングガイド

自分が住んでいるところや日帰り圏内を超えて地方や海外を食べ歩く際は、複数のレストランを一緒に回ることが多いかと思います。そのプランニングのコツについて、簡単にお話しします。

まず、国内でのレストラン巡りは、比較的プランニングが容易です。まずは、予約が最も困難なお店の席を押さえる。それができたら、定休日や営業時間を考慮しつつ、その周囲にある気になっていたお店の予約を入れていきます。1日に高級店2軒でも大丈夫、という人はそれもありですし、中にはその間にスイーツやカフェなどを挟む人もいらっしゃるでしょう。逆に、それだと楽しめなくなる方は、昼夜どちらかだけを高級店にして、あともう1枠はラーメンやカレーなど一品料理の店を選ぶのも良いかと思います。いずれにしても、限られた時間内でできるだけ多くの店を回りたい気持ちはわかりますが、自分の限界を知ったうえで、サステナブルなペースでプランニングするのが大事です。

僕は、日本国内の場合、昼夜高級店でも問題ありません。昼夜割烹、昼夜フレンチでも全く大丈夫ですが、唯一、昼夜鮨の組み合わせだけはできるだけ避けるようにしています。鮨は塩分が強いことが多いので、体に蓄積して疲労を感じてしまうからです。昼夜同ジャンルがきつい、という方は、和食と西洋料理を取り混ぜるの

郵　便　は　が　き

料金受取人払郵便

渋谷局承認

2087

差出有効期間
2025年12月
31日まで
※切手を貼らずに
お出しください

150-8790

130

〈受取人〉
東京都渋谷区
神宮前 6-12-17
株式会社ダイヤモンド社
「愛読者クラブ」行

本書をご購入くださり、誠にありがとうございます。
今後の企画の参考とさせていただきますので、表裏面の項目について選択・ご記入いただければ幸いです。

ご感想等はウェブでも受付中です（抽選で書籍プレゼントあり）▶

年齢	（　　　）歳	性別	男性 ／ 女性 ／ その他
お住まいの地域	（　　　）都道府県　（　　　）市区町村		
職業	会社員　経営者　公務員　教員・研究者　学生　主婦 自営業　無職　その他（　　　）		
業種	製造　インフラ関連　金融・保険　不動産・ゼネコン　商社・卸売 小売・外食・サービス　運輸　情報通信　マスコミ　教育 医療・福祉　公務　その他（　　　）		

DIAMOND 愛読者クラブ　メルマガ無料登録はこちら▶

書籍をもっと楽しむための情報をいち早くお届けします。ぜひご登録ください！
- 「読みたい本」と出合える厳選記事のご紹介
- 「学びを体験するイベント」のご案内・割引情報
- 会員限定「特典・プレゼント」のお知らせ

①本書をお買い上げいただいた理由は？
（新聞や雑誌で知って・タイトルにひかれて・著者や内容に興味がある　など）

②本書についての感想、ご意見などをお聞かせください
（よかったところ、悪かったところ・タイトル・著者・カバーデザイン・価格　など）

③本書のなかで一番よかったところ、心に残ったひと言など

④最近読んで、よかった本・雑誌・記事・HPなどを教えてください

⑤「こんな本があったら絶対に買う」というものがありましたら（解決したい悩みや、解消したい問題など）

⑥あなたのご意見・ご感想を、広告などの書籍のPRに使用してもよろしいですか？

1　可　　　　2　不可

※ご協力ありがとうございました。

がいいかと思います。

国内での移動については、都市部では公共交通機関で十分です。ですので、運転できない方でも、計画的に移動すれば効率よく回ることができます。ただ、車がないとアクセスできないような田舎にも良い店も増えてきているので、その際は、お店に手配してもらうか、運転できる友人と一緒に行くのがいいでしょう。

一方、海外での食べ歩きは、プランニングの難易度が上がります。理由のひとつは、海外ではレストランの営業日数が日本よりも少ないことが多いからです。特に、北欧では有名なレストランの多くが週4日営業で、夜だけ営業しているお店も多いため、プランニングが難しくなります。加えて、定休日が日曜日と月曜日に集中していることが多い。よって、6軒ほど回ろうと思ったら、1週間以上滞在しなければならない、かつ日月は選択肢がカジュアルなお店のごく一部に限られる、ということになってしまいます。デンマーク国中を食べ歩いたとき、日月だけ他の国に飛行機で飛んで食べ歩き、また火曜日にデンマークに戻ってきたことすらあります。

フランスやスペインなども、日曜と月曜に休業するレストランが多いので、旅程をプランニングする際は要注意です。イタリアでは、週2日休みの店が多いものの、休みの日が分散しています。都会だと、火〜土営業が多いですが、月〜金だったり日曜日もやっていたりする店が一定数あるので、日月に難民にならずに済みます。地方に行くと、なぜか水木休み、みたいなお店もあるので、うまくスケジュールを組むと、毎日行きたいお店に行けるでしょう。

もうひとつの理由は、国や地域によっては車がないと回れないからです。特に、美食大国のスペインやイタリアでは、地方にわざわざ行く価値のあるレストランが多いため、車が必須となります。そうすると、レンタカーを手配することになるのですが、これがなかなか大変。ヨーロッパは通常マニュアル車なので、オートマ車を借りると割高です。また、昔ほどではないものの、営業所によってはマニュアルしかないこともいまだにあります。僕自身、ヨーロッパで食べ歩きをする目的で、マニュアルで免許を取得したくらいです。

プランニングする際は、できるだけ移動距離を最小限に抑えたいところですが、定休日を勘案するとなかなか最短距離でつなぐのは難しく、行ったり来たりすることになったりします。かつ、現地の道路状況などは、実際に行かないとわからないことも多いため、効率よくプランニングできるようになるには経験とノウハウが必要です。レストランの予約だけならクレジットカード会社のコンシェルジュデスクなどに依頼することもできますが、この全体のプランニングだけはなかなか任せることができず、僕はいまだに全部自分でやっています。

海外を食べ歩くうえでも、国内同様、どうお店を組み合わせるかは大事です。人によって食べられる量や得手不得手が異なるので、一概にはいえませんが、基本的に日本よりはどこも量が多いし、味が濃い。塩や油を多用した料理の場合、胃が疲れがちです。また、時差の影響もあります。体が慣れていない旅の序盤で、レストランを詰め込みすぎると、思ったより疲れます。

昔、スペインに友達を何人か連れて行ったときのことです。量を控えめにしたほうがいいと伝えはしたのですが、美味しいのでみんなつい食べ過ぎてしまう。その結果、3日目くらいから友達が1人ずつ体調を崩し、中にはレストランで化粧室に行った後崩れ落ちた人もいました。いくら日本でたくさん食べているという人も、海外で食べ歩いた経験が豊富でない限りは、身体が慣れるまで控えめにプランニングするのがおすすめです。

食べ歩きで一番楽しいのは、スペインとイタリアです。イタリアの場合、現代的な料理やイノベーティブな料理を提供するリストランテと、その土地ならではの昔ながらの郷土料理を提供するトラットリアやオステリアがあります。定休日等の兼ね合いもあるので、必ずしもうまくはいきませんが、理想的には、1日に同じ地域で、リストランテ1軒、トラットリアやオステリアを1軒、組み入れたい。そうすることで、郷土料理の原型と、それからインスピレーションを得た進化形を味わえるので、よりその場所の食文化を理解することができます。

スペインの場合も、イノベーティブな料理を提供するレスタウランテとカジュアルなお店の両方が魅力的です。カジュアルの店としては、バルもありますし、後は地元の肉や魚介をシンプルに調理するアサドールなどの食材フォーカスのお店もあります。こちらも、食材フォーカスのお店で食材の本来の持ち味を把握したうえで、イノベーティブの店でそれに手を加えた発展形を味わう。より深い、知的体験となります。

食べ方

同じ時期に同じ食材を食べる

レストランでの食事を楽しみたい方には、あまりおすすめできない食べ方ですが、僕が海外を食べ歩き始めたときに、意識的に行ったことがあります。それは、同じ時期に、同じジャンルや価格帯のレストランを連続して食べ歩くことです。

この方法を初めて試したのは、20年ほど前にパリで食べ歩きをしたときでした。3日間で三つ星レストランを6軒回ったのです。このように短期間で同じジャンルや価格帯のレストランを巡ると、何が起こるか。食材が、ほぼ被るのです。どのレストランも、その時季に入手可能な最高の食材を求めているので、結果的に、少数の卸業者から同じような食材を購入していることが多いのです。

レストランを純粋に楽しみたい人にとって、このような食べ歩きは、つらい経験でしかありません。そもそも、三つ星レストランを1日2軒回るのは、身体的にも精神的にもハードルが高い。料理の量も多いし、長時間座り続けることになり、まるで食のマラソンです。そして、料理の方向性も、若干クラシック寄り、若干イノベーティブ寄り、などあったとしても、高級店同士の違いは大きくない。そのうえ、食材が被るので、昼食べた食材と同じものを夜食べる、そしてまたそれが翌日も登場するということが頻繁に起きます。

しかし、僕にとっては、このような食べ歩きは非常に有意義でした。なぜなら、同じ時期に同じジャンルのレストランを連続して訪れることで、季節や食材という変数をコントロールしながら、シェフの技術やクリエイティビティをより純粋に比較することができるからです。もちろん、同じ食材が同じような仕立てで登場することもありますが、その中でも火入れが素晴らしい店もあれば、他の店では使っていない部位を使ったり、その食材の全く見えていなかった側面に気付かせてくれたりと勉強になりました。

繰り返しますが、このような食べ歩きは万人におすすめできることではありません。パリのレストランシーンを純粋に楽しみたいのであれば、レストランとビストロを混ぜたり、たまにクスクスやベトナム料理を挟んだりするのがベストです。

現在は、世界中の主要なお店はほぼ回りきって、特定のリピートするお店以外は主に新規開拓に時間を使っているので、こういう食べ方を意図的にすることは少なくなりました。２０２３年、ポルトガルのリスボンでやったのが最後です。意図的ではなくても、ひとつの地域で何日か食べ歩くと、似たようなことは避けられません。その場合、食材が被ったことを残念がるのではなく、シェフの個性を知るチャンスとして捉えてもよいのではないでしょうか。

食べ方

発展途上のノンアルコールペアリング

僕はお酒を基本飲みません。体質的に少量しか飲めないし、一定量飲むと体調が悪くなって料理を楽しめなくなるからです。だから、お酒に関する知識も初心者以下です。

フランス料理を食べるときにワインとのマリアージュを楽しめないのは、率直にいって残念です。大人数の会でよいワインが開くときは、おこぼれを少しだけ試させてもらうことがありますが、確かに料理がより一層引き立つ。ワインと合わせて初めて成立する料理もある、と感じることもあります。

なので、飲めないことでマイナスのほうが多いのですが、あえてプラス面を挙げると、酔わないのでコースの最後の料理まで同じコンディションで楽しむことができるということくらいでしょうか。あとは、お酒が飲めていたら、間違いなくワインにもハマって破産していただろうから、今生活が破綻していないのは飲めないおかげ、というのは確実にいえるかと思います。なにせ、1年間で食事代に1億円費やすのは無駄遣いしない限り不可能ですが、ワイン代に1億円費やすのは簡単ですし、そういうお金持ちの方は周りにゴロゴロいるからです。

お酒については詳しい本がたくさんあるでしょうから、ここでは今まであまり語られてこなかった、レストランにおけるノンアルコールについて考えてみたいと思います。僕が常々残念だと思っているのは、ノンアルコールの選択肢が限られているお店が多い、ということです。

日本だと、料理の和洋を問わず、お茶、フルーツジュース、コーラなどの炭酸飲料が一般的でしょうか。昔ながらの店は、大体こんな感じかと思います。ジュース類はお子さん向けに用意しておく必要はあるのでしょうが、大人の食事にはどう考えても合いません。そうすると、選択肢がウーロン茶などのお茶しかない、ということが頻繁に起こります。最近のお店だと、しょうがが効いていて甘さが控えめのジンジャーエールなど、自家製のドリンクが用意されていることもあります。アペリティフ代わりにぴったりなので、僕自身、注文することが多いです。

ただ、食中となると、なかなか難しい。日本料理や鮨の場合は、お茶でしょうか。

最近は、特別なお茶を有料で提供する店が増えてきましたが、個人的にはありだと思っています。西洋料理の場合、特にイノベーティブ料理だと、最近はコンブチャ（発酵飲料）を自家製で用意するところが増えました。そういうお店は、アラカルトよりもノンアルコールペアリングという形で提供していることが多いように思います。

ノンアルコールペアリングの発祥は定かではありませんが、「ノーマ（Noma）」などの北欧のレストランが世界に広めたのは間違いないかと思います。ワインと違ってノンアルコールペアリングは歴史が浅いので、公式のようなものはできあがっていないと認識しています。まだ試行錯誤の段階で、方法論が確立されていない。とはいえ、いくつかの方向性はあります。

まず、①料理と共鳴するペアリング。よくあるのは、料理に使われている食材や調味料と同じものをドリンクに使うパターンです。たとえば、ローズマリーの香りをつけた料理にローズマリーを使ったドリンクを合わせる。あるいは、えんどう豆の料理に、えんどう豆の皮を煮出すなどして抽出したエッセンスを合わせる。近縁種もありです。アーモンドを使った料理に、アプリコットのドリンクを合わせる。
あとは、スモークした料理に燻製香を移したドリンクを合わせる、などもあります。
逆に、②リセットするペアリング。これは、ある意味マリアージュの逆で、料理の印象をリセットすることを目的にしています。お茶系がそれに向いていますし、あとはコンブチャなど酸味が強いものもその役割で使われることが多いです。

より凝ったものになると、①の進化系でオマール海老の料理にオマールの殻の出汁を合わせる、というようなものもあります。ここまで来ると、ドリンクとして単体で飲むには向かないし、特定の食材を使った料理にオーダーメイドで合わせています。こういうペアリングがコースの中でひとつある、というお店はたまにありますが、コースのすべての料理に出汁（イタリアなのでブロード）を合わせるペアリングは、ミラノ「リストランテ・ベルトン（Ristorante Berton）」がかなり前からやっていたと記憶しています。もともとフランス料理がソースを大切にしていることからも、出汁を合わせることに違和感は全くありません。もっと広まっていないのが個人的には不思議なくらいです。

逆に、個人的にやめてほしいと思うのが、甘いフルーツジュースにハーブやスパイスを合わせたものが続くペアリングです。そもそも、甘さが合う料理（たとえばフォアグラなど）は限られています。そして、何杯か甘いものが出てきてしまうと、糖分が蓄積されてしまう。すると、アルコールペアリングの人とノンアルコールペアリングの人で、糖分の摂取量が全く異なる、ということになりかねない。アルコールにも糖分が含まれているとはいえ、フルーツジュースとは比べ物になりません。満腹感にも影響を与えるし、デザートの味わいも変わってきてしまう。正直いって、ノンアルコールペアリングの半分以上は、個人的には甘すぎると思っています。

②のリセットの意味では酸味はありかと思いますが、個人的に一番向いていると思っているのが、苦味です。苦味は、そもそも含まれる量が少ない料理が多いので、ぶつかることがない。また、苦みがあるものと合わせても、それはそれで①の共鳴が起きる。塩味や甘味に比べて積み重なる感覚も少ないのではないでしょうか。

まだワインペアリングほど方程式が確立されておらず、過渡期にあるからこそ、ノンアルコールペアリングは面白いと思っています。「ノーマ」では、普段お酒を飲む人でも、ワインを合わせるよりも「ノーマ」で作っているノンアルコールドリンクのほうが興味深いということで、あえてノンアルコールペアリングを選択する人も多いそうです。お酒を飲まない人が世界的に増え、飲む人でもソーバーキュリアスという習慣が広がる中で、お店側には収益機会として積極的に取り組むことをおすすめしたい。そして、食べ手側も、ノンアルコールペアリングに力を入れているお店に行くときは、一度試してみてはいかがでしょうか。

評価軸

料理を味わうのは、皿の上だけではない

ミシュラン社は、ミシュランガイドの星の評価を「皿の上だけ」で行っていると公式に表明しています。これは、インターナショナルディレクターのグウェンダル・プレネックにも直接確認したので、間違いありません。ということは、ミシュランの星を獲得したい、もしくは増やしたいと思うのであれば、料理の質にだけフォーカスすればいい、ということになります。

ただ、実際はその目的で大規模な改装を行い、サービスも含めて改善し、目指す星の数にふさわしい「格」に到達しようとするレストランは、国内外・現在過去含

め、無数に存在しました。ミシュランの審査基準が変わったのかもしれないし、レストランがミシュランを信じていない（評価は皿の上だけではないと考えている）のかもしれない。真相は不明ですが、整合性が取れるように好意的に解釈すれば、改装したことでキッチンがアップグレードされたり動線が改善されたりして、結果的に皿の上の料理が良くなる、ということかもしれません。

いずれにしても、食べ手がレストランを選ぶうえでは、皿の上以外の要素も考慮するのが一般的です。たとえば、特に日本料理では、皿の上だけでなく皿（器ですが）自体が大事だったりする。お店の年間の利益が吹っ飛ぶくらい高価な器を、こつこつ買い集めているお店もあります。どういう器をどういう料理と合わせて盛り付けるか、これは見るべきポイントのひとつであることは間違いありません。

食体験を形成する要素は、それだけにとどまりません。料理人やサービススタッフによるサービスも、重要な要素です。昔は、カウンターの鮨屋や割烹などを除くと、高級店では料理を作る人とそれをサーブする人に分かれているのが一般的でした。それが、北欧のレストランの影響で、料理人自らがお客さんのテーブルまで行ってサービスする、というスタイルが近年増えています。昔ながらのやり方を維持する店も当然ありますが、みんなで接客する、という流れが加速しています。
提供する料理を実際に作っている料理人だからこそできるサービスがあります。たとえば、料理の内容に関しては、誰よりもわかっているので、お客さんから何を聞かれても答えられます。一方、プロのサービススタッフは、お客さんの属性や経験値を見極め、それに合った適切な料理の説明をすることができます。具体的にいうと、興味がない人には手短に説明したり、料理に詳しくないと見たら噛み砕いて説明したり、ということです。逆にいうと、そういうパーソナライズされたサービスができないのであれば、料理人が運べばいい、となってしまいます。ソムリエとしての仕事は今後も残るでしょうが、料理人にはできないサービスのプロフェッショナルならではの付加価値をつけられているか、も注目したいところです。

空間や環境も、食事の印象に大きな影響を与えます。たとえば、ある鮨店では、二番手の職人がいつも狭いカウンターで握っていましたが、ある日その職人が広いメインカウンターに移って握ると、握りの印象が異なって感じられました。もしかしたら、食べ手側の気のせいかもしれません。ただ、実際あり得ることとしては、レストランの空間が広くなると、普段より香りが拡散し、届きにくくなる。また、レストランの天井が高くなると、一体感が損なわれ、集中力が散漫になりがち。科学的に因果関係を証明するのは難しいですが、実際にこういう経験は何度もしたことがあります。

レストランが提供しているのは、皿の上の料理だけでなく、食体験です。つまり、モノではなく、コト、なのです。料理が主役であることは間違いないですが、サービスや空間などさまざまな要素が統合的に嚙み合ってこそ、素晴らしい食体験が生まれる。それを五感で感じる場が、レストランなのです。

評価軸

レストランにおける最適BGM論

五感で感じる食体験を重視するなら、聴覚への気配りは重要です。特にBGM（バックグラウンドミュージック）は、食体験をより豊かにすることがあります。しかし、日本のレストランでは、BGMに気を配っていないお店が非常に多いのが現実です。実際、音楽を意識的にセレクトしているお店はごく一部で、おそらく1割もないかもしれません。料理だけにフォーカスしたレストランならともかく、内装などにもこだわっているのに音楽には無頓着なことも多いように思います。

音楽を料理と調和させている事例はたくさんあります。世界的ＤＪのＦＰＭ田中知之さんは、国内のお店のみならず、スペインの「チスパ（Txispa）」、フランス「ブラン（Blanc）」などの音楽をプロデュースしています。また、和食では珍しいのですが、神楽坂の「波濤《はとう》」という鮨屋では、バックグラウンドに波の音が流れています。本当に小さい音なので、楽しく会話していると聞こえない可能性すらあるんですが、一緒に食べに行った音楽プロデューサーの蔦谷好位置《つたやこういち》さんはさすがプロ、聞き逃しませんでした。そして、異色な存在としては、カウンターの手元にコントローラーがあって、料理に合わせてご主人がＤＪのように曲を切り替える、京都の割烹「研野《けんや》」。懐メロからクラシックまで選曲は幅広く、締めのご飯の蓋を開けるタイミングにエルガー「威風堂々」の一番盛り上がるパートを合わせるなど、サービス精神旺盛です。

海外だと、印象に残っているのがイタリアのトリノにある「アンフォゲタブル

（Unforgettable）」。最初はミニマルなテクノで始まり、集中を促すのですが、食べ終わる頃には高揚感と開放感のあるビッグルームに変化します。また、イノベーティブレストランの一部は音楽だけでなく映像やさまざまな演出を取り入れた総合芸術に進化していて、劇場型レストランと呼ばれることもあります。その嚆矢《こうし》は上海「ウルトラバイオレット（Ultraviolet）」ですが、5章で紹介するコペンハーゲン「アルケミスト（Alchemist）」など、さまざまな意欲的な試みが登場しています。また、そもそも料理人が音楽が大好き、というパターンも多い。スペインのアンダルシア地方にある「トーカ（Tohqa）」では、シェフ自ら料理をしながらレコードを選択し、楽しませてくれます。また、アントワープ「ジェーン（The Jane）」のシェフのニック・ブリルはDJとしても有名で、トゥモローランドという世界最大級のダンスミュージックのフェスに出演したりしています。

BGMをなしにする、というのも、ひとつの選択肢ですし、料理の方向性によってはそれがベストかもしれない。だから、ないならないでいいと思うのですが、個人的には百貨店やスーパーで流れるようなどうでもいい音楽だったり、ヒット曲や映画音楽を和楽器で演奏したようなものを流すのは、音楽にこだわっていないと宣言しているようなものなので、残念に思います。わからないなら、プロに任せるか、何も流さない。もしくは、無難なジャズかクラシックでもかけるほうが、まだ食体験を損なわないと思います。

評価軸

ライティングは大事な盛り上げ役

レストランの印象に大きな影響を与える要素のひとつに、ライティング（照明）があります。ライティングは料理の見え方を劇的に変えるだけでなく、空間全体の雰囲気やお客さんの気分にも影響を与えます。また、今では多くの人がスマホで写真や動画を撮り、ソーシャルメディアに投稿することが一般的です。もしお客さんによる撮影や投稿を活用したいのであれば、レストラン側としてもライティングを真剣に検討する必要があります。

残念ながら、有名な建築家やデザイナーが手がけたレストランでさえ、ライティングが不適切なケースは少なくありません。ある日本を代表するホテルのレストランがオープンしたばかりの頃、料理の写真を撮ろうとしたところ、フリッカー（ちらつき現象）がひどかったのです。その場にいた誰のスマホで撮影しようとしてもフリッカーが収まらないし、カメラでもシャッタースピードをマニュアルでコントロールしないと撮れない。結局、その日は撮影を途中で諦めました。たまたまビルのオーナー会社の社長と話す機会があったのでお話ししたところ、すぐに対応されたそうですが、とても世界的なインテリアデザイナーの作品とは思えない。文句をいってもいいくらいだと思います。

また、光源が多すぎるレストランも問題です。複数の方向から光が当たると、どの角度から工夫して撮ったとしても、必ず影が入り込んでしまいます。これも、非常にもったいないと思います。

では、どういうライティングが理想的か。インスタグラムでは斜め手前だけでなく真上からも撮影することが多いので、お客さんが座っている位置に対して、光源が頭上真上よりも少し前にある、というのがいいかと思います。それが難しいなら、最近導入するお店が増えていますが、手元を照らすランプで他の光源の光を飛ばしてしまう、というのもありです。

強調しておきたいのは、写真撮影やソーシャルメディアへの投稿を禁止するなら、それはそれでいい、ということです。撮影をしないとしても、料理がより魅力的に見えるに越したことはないと思いますが、そんなことはどうでもいい、というのもひとつの見識です。ただ、撮影投稿ＯＫ、なんならそれで拡散してほしい、と思っているのであれば、どんなに写真や動画が下手な人が適当に撮ったとしても、美味しそうに見えてしまうというライティングを目指すべきです。たとえば、「鮨さいとう」はまさにそうなっていて、ただでさえ素晴らしい鮨を視覚面でも盛り上げています。

この話にはひとつ例外があります。それは、一部海外のレストランです。美食を味わうというよりは、主にデートに使うようなお店なのですが、女性が美しく見えるように、照明をわざと薄暗くしています。極端な場合、メニューが読めないくらい暗いこともあります。その場合、メニューに小さなライトが付いていたり、サービスが明かりで照らしてくれたりするので、辛うじて注文できる、となります。そういう店でも、写真を撮る人には、テーブルに置くランプを持ってきてくれるなど、撮影には配慮してくれます。

評価軸

「化学調味料」の是非

「化学調味料」は体に悪い、と信じている人が世の中にはいるようです。そして、ソーシャルメディア上では、そう信じている人と堀江貴文さんがバトルを繰り広げたり、化学調味料を使う料理研究家の方が炎上したり、いまだに議論が起きるようです。そもそも「化学調味料」は今、行政の資料でもマスコミでもうま味調味料と呼ばれているので、以下そう呼びますが、うま味調味料が健康に悪影響を与える、という批判は科学的根拠がありません。単なる、信仰です。

うま味調味料が危険だと主張する意見は、感情的な反応や思い込み、噂話に基づいています。1970年代にアメリカでは「中華料理店症候群」や「MSG症候群」と呼ばれる現象が広まりましたが、これはグルタミン酸ナトリウム（MSG）を摂取した後に頭痛やしびれを感じるといった報告が発端となりました。しかし、その後の科学的研究で、因果関係は否定されました。未知な食文化やアジア系住民に対する偏見や差別がベースにあったと思われます。

うま味調味料は、大昔は石油由来の原料から生産していたそうですが、今は食品に含まれる天然のうま味成分を精製して作られています。うま味調味料のメーカーは、天然由来をひとつのポイントとして主張していますが、これは科学的ではない。だって、化学物質として全く同一であれば、何から抽出しようが何の問題もないはずだからです。ただ、食べ物から抽出していないと、なんとなく嫌だ、という感情論があるので、その相手をしているのでしょう。

科学的には、とっくに解決した議論です。それが、なぜいまだに話題になるのか。素人が何の根拠もない思い込みを発信できるソーシャルメディアの時代になったのが一因だと思います。非科学的でも証拠がなくても、感情のままに発言できる。そして、根拠はないけれど同じ感情を抱えていた人が、そうだそうだ、と共鳴する。陰謀論が21世紀になって力を増しているのと同じ構図です。

当たり前のことですが、どんな調味料でも、過剰に摂取すれば健康に悪影響を及ぼす可能性があります。塩や砂糖、そして油も摂り過ぎたら体に悪いことを科学的に否定できる人はいないでしょう。うま味調味料に関しては、他の調味料に比べると過剰摂取のリスクは小さいようですが、いずれにしても、常識的な用法用量を守っていれば問題はありません。

本書がテーマとする美食においては、うま味調味料を使用しているお店はあまり多くないと思います。ただ、海外では使っていることを公言しているファインダイニングもシェフもいますし、ヨーロッパでミシュランの星を複数獲得するレストランで働いたらうま味調味料がキッチンにあった、という話もときどき聞こえてきます。また、日本を代表する料亭においても、少なくとも過去、うま味調味料を使っていたのは、有名な話です。

たとえば、「味の素」の原料はMSGです。これと、昆布から抽出したMSGを食べ比べる。化学的に同一なものなので、その違いは絶対にわかりません（というか、違いが存在しません）。だから、うま味調味料を隠し味程度に少量使うと、それに気づくのは不可能に近い。では、なぜうま味調味料っぽいと感じる料理に出くわすことがあるのか。それは、うま味調味料が大量に使用されることで、風味のバランスが変わるからです。昆布には、MSG以外の成分も含まれています。それを代用するために味の素を大量に使うと、ＭＳＧだけが突出して、他の成分が感じられない。これが、違和感の正体です。

たとえばラーメンにおいて、天然の食材から抽出したうま味成分だけで勝負しようと思ったら、膨大なコストと時間、労力がかかります。そのため、安く提供したいお店がうま味調味料を使うのには、合理性があります。また、うま味調味料の味自体が好きで、積極的に求める人もたくさんいる。一方、ラーメンでもうま味調味料を使わないお店もあります。その分、手間隙がかかるので、値段は高いことが多い。個人的には、両方あっていいのではと思います。

また、中華（中国）料理においては、うま味調味料がレシピの欠かせない一部になっていることが多い。日本の一部のお店は、うま味調味料を使わない中華料理に取り組んでいますが、そうすると修業先のレシピを根本的に見直さなければいけなくなった、という話もよく聞きます。中国本土においては、多くのお店がうま味調味料やそれに類するものを使っていますが、それはひとつの考え方です。不自然になるくらいに過度に使うことがなく、料理として完成されていれば、問題ないと思います。

一方、うま味調味料を使わずに、時間や手間をかけて旨味を抽出する、このプロセスがひとつのストーリーとなっているお店もあります。だから、ファインダイニングにおいては、なぜ使うのか、なぜ使わないのかをお店のアイデンティティやストーリー性に基づいて説明でき、使う場合でもそれがバランスを崩すことがないよう巧みに使われている。それが理想的だと思います。

評価軸

SNSはどう発信すべきか？

今の時代、国内外のレストランを巡っている人の多くは、何らかのソーシャルメディアで発信しているのではないでしょうか。もちろん、仕事柄発信できないなど、一切食べ歩きを公にしていない人もたまにいます。ただ、発信することで、同じく食べるのが好きな人とつながれる楽しさやメリットもあるので、最近は当たり前になってきているかと思います。気軽に写真や動画を撮ってアップする人から、インスタグラムのストーリーやリールを時間をかけて作り込む人、食べログに詳細な食レポをアップする人まで、いろんな人がいます。何が正しい、どうすべき、というのはないので、あくまで僕はどうしているか、ご説明したいと思います。

僕は、昔は食レポを写真とともにフェイスブックにアップしていました。今は、完全にインスタグラムにシフトしたので、たまにストーリーを上げつつ、動画をリールにまとめています。そして、それをアップするときに食レポもつけている、というのが現状です。

食レポについては、可能な限りファクトベースで書くことを心がけています。ただ、記憶力がよくないし、情報を正確に伝えたいので、いつもスマホにメモを取るようにしています。メモするのは、主に食材、そしてそれがどう調理されているか、です。ストーリーや生産者の話などをしてくれる場合、それもメモします。1人で食べるときには時間があるので、それぞれの料理やお店についてどう感じたか、感想を書き留めることもあります。ただ、複数の人と食事をしているときには、会話も大切にしたいので、感想については後でメモと写真を見て思い出しながら書き足しています。

お店によっては、知らない食材が登場することもあります。その場合は、徹底的に調べます。今までで一番大変だったのは、2016年に「ノーマ（Noma）」がオーストラリアでポップアップをしたときでした。ネイティブ・イングリーディエンツと呼ばれるオーストラリア原産の食材がたくさん使われていたのですが、その多くは地元のレストランですら使っていない未知のものなので、検索しても情報が少ない。また、それを日本語に直そうと思っても、近縁種くらいはあったとしても同じものはそもそも日本に存在しないから、訳語がない。結局、一通り食レポを作成するのに7時間かかったのを今でも覚えています。大変ではありましたが、この経験の後、どこのオーストラリアのイノベーティブレストランに行っても知っている食材ばかりになったので、よい学びの機会となりました。

料理についてどう感じたかも書きますが、基本、「おいしかった」という表現や、「絶品」という表現は、使わないようにしています。これは、料理評論家の山本益博さんから教わったことですが、「おいしかった」ではなく、なぜおいしいと思ったのかを他の言葉で説明する。気に入ったレストラン全部に「おいしかった」という言葉を使えば、その一言で済んでしまうし、読む側にはどうおいしかったか、どう異なるかが伝わらないからです。なので、概念としておいしい料理とかおいしい店、という表現は使いますが、この料理はおいしい、というい方はしないようにしています。「絶品」は、使ってしまうとそれ以上を表す表現がなくなってしまうから、使いません。

料理人を「天才」と呼ぶのも同様です。全く使わなくはないですが、僕の中で「天才」とは、ロジックや常識で説明できないのに、なぜか「できる」、そういう規格外の存在です。そんな料理人は、世界で100人もいないと思っています。だから、頑張っている若手料理人を食べ手やメディアが「天才」呼ばわりしているのを見ると、その背後にある壮絶な努力が見えていないか、「天才」という存在を作り上げて満足したいだけなのか、疑問に思います。

また、個人的に興味がないのが、レストランやシェフ、料理が主役ではなく、書いている人が主役になっている食レポです。インスタや食べログでよく見かけますが、過剰な自己顕示欲を満たすための道具として、レストランでの食事を利用している。多分、こういう人は、対象がレストランである必要すらない。1人で酔っている分に問題ありませんが、真面目に取り組んでいる料理人を茶化したり、奇をてらったコメントをしたり、筋違いの文句をいい始めたりすると、害悪でしかない。そういう極端なスタンスを取ったほうがフォロワーは増えるのでしょうが、僕はそういう人たちとは関わらないようにしています。

僕自身は、書くことのプロではありません。ライターとしてのトレーニングは積んでいないし、人生で唯一、書くことについて学んだのは、イェール大学時代叩き込まれた論文の書き方くらいです。アメリカに留学したことがある方はご存じかと思いますが、英語の論文は、いかに最小限のワード数で、簡単かつ適切な言葉を使って、いいたいことを伝えるか、それに特化しています。ですから、ウィットに富んだ表現を入れたり、本題から脱線したり、趣のある文章にしたり、というのは許されません。徹底的に、削除されます。そして、英語はロジックを大切にする言語です。主語と述語が合っていなかったり、並列関係がおかしかったり、段落ごとにまとまりがなかったりするのも許されません。だから、僕の食レポは面白みがなく、読みづらいのです。

その意味で、僕の対極に位置するのが、フードエッセイストの平野紗季子さんだと思っています。平野さんとは食のイベントなどでご一緒することも多いのですが、皆さんご存じのように、本当にクリエイティブな方です。よくこんな表現思いつくな、頭の中はどうなっているんだろう、といつも感心させられます。僕が一番苦手な、人の心を動かすということができる、すごい才能だと思います。

冒頭で触れたように、僕にはクリエイティビティが欠如しているので、平野さんのような方向性は諦めています。フェイスブックからインスタグラムに移行したくらいのタイミングで、どういう内容をアップすべきか、考えました。その結果、食べるのが好きな人向けでもあるけれど、料理人も見たいと思う内容にしよう、という結論に至りました。つまり、僕のアカウントをフォローしてくれている料理人にとって、役に立つ情報を織り交ぜることを意識しています。

具体的には、先ほども触れましたが、料理の内容を詳細にメモする。そして、料理人が興味を持つであろうシェフやお店を紹介する。若い世代の料理人に知ってほしいことを記しておく。なぜそうするのか。それは、料理人は多忙であることが多く、勉強のために国内を食べ歩くことはもちろん、海外となると相当ハードルが高いからです。実際僕が行った店に行くことはできなくても、料理人であれば使われている食材や写真・動画を見れば、ある程度何をやっているかわかるはずです。それが、なんらかの役に立てばと思っています。実際、「投稿で見た料理を参考にさせてもらいました」という報告だったり、若い料理人の卵からは、「紹介されていたお店が気になったので、スタージュ（研修）させてもらっています」というDMもいただくことがあり、嬉しい限りです。

僕はもともとソーシャルメディアが苦手だし、なんならやりたくない。表に出たくないし、自分のことを世界中の人に知ってほしいとも思っていない。逆に、知名度が上がることで面倒なことがたくさん起きるのは、僕の周りにいる有名な方々を見て十分学んできました。それでも、インスタグラムをやったり、メディアで発信したりするのには、個人的な理由があります。

アメリカ留学時代、食事のまずさに打ちひしがれていたとき、『シェフとギャルソン、リストランテの夜（Big Night）』という映画を観ました。イタリアから移民してきた料理人がニュージャージー州でレストランを開き、本場さながらのイタリア料理を作るのだけれど、パスタをフォークで細切れにして食べるようなアメリカ人に理解されない。逆に、同じイタリア移民の店でも、そういうアメリカ人に媚びた料理を出す競合店が流行る。結果、その競合店の策略によって、閉店に追い込まれる、というストーリーでした。これが、実際に周りで似たような状況を見聞きしていた当時の僕に深く刺さったのです。

それ以来、素晴らしい料理を出しているレストランが成り立たないのが、我慢できない。食だけでなく、他のクリエイティブでも同じです。才能あるアーティストが正当に評価されないのが、耐えられない。もちろん、僕の価値基準がずれていて、単なる独りよがりの可能性も十分あります。ただ、このトラウマともいえる経験が原動力となって、まだ世の中に知られていなかったり、過小評価されたりしている才能を、世間に知らしめたい、という思いにつながっていることは確かです。

いくら表に出るのが苦手でも、少しでも愛するレストラン業界に恩返しができるのであれば、覚悟を決めてやるしかない、と思っています。

いい客になるための美食講座2 礼儀

予約時間を守る

大人数で予約が入っていたのに当日来ず、大損害を受けた、といった話がたまにソーシャルメディアで話題になります。まずは、予約したのに連絡することなく来店しないノーショー。これは意図的である場合、論外です。ただ稀に、予約日や時間を間違えていた、ということはあるかもしれません。これは、お店側が間違えていたケースと、お客さん側が間違えていたケース、両方ありえます。お店側が数日前に予約に日時を確認することが最近は増えていますし、オンライン予約であればこういう行き違いは起きづらくなります。

続いて、ドタキャンする客。あくまで一例ですが、一昔前は製薬会社のMR

が医者の接待のために複数のお店を同じ日に予約して、医者にその日の気分で選んでもらい、あとのお店をキャンセルする、といったことが普通に行われていました。これも、問題外です。ただ、どうしようもない状況も起きえます。コロナやインフルエンザになってしまった、となると、無理をしてお店に行くほうが迷惑です。その場合はお店に相談しつつ、できるだけ代理を立てたいところです。

海外の高級店の場合、オンライン予約が主流でクレジットカード情報を登録するケースが多いので、キャンセルポリシーに抵触する場合はキャンセル料をチャージされることになります。日本でもインバウンドの増加とともに海外と同様のキャンセルポリシーの設定が広まりつつありますが、電話や相対で予約を受けている場合は厳格なキャンセルポリシーの適用は難しいかもしれません。僕は、そんな場合でも、代金は払う、と申し出ることが大事だと思っています。なぜなら、たとえば前日や当日のキャンセルだと、お店はすでに食材を仕入れ、料理を仕込んでいる。そして、その席を他のお客さんで埋められない可能性があるからです。

そして、時間を守らない客。日本以外のほとんどの国では、遅れるのが普通で、時間通りに来る客のほうが少ない、というのが現状です。道路が常に渋滞していたり、公共交通機関が発達していなかったりするからです。ただ、日本では、遅れる、遅れそうというのであれば、必ず同行者なり、お店に連絡するべきです。中でも、一斉スタートのお店は、先にスタートしてもらう。お店側も、遅れる人がいるからと全員揃うまでスタートしないというのはやめてほしいと思います。貸切なら別ですが、全く知らないグループの、全く知らない人の遅刻のために、残りの全員が待たされてスタートが遅れたりするのは、理不尽だと思います。

難しいのが、たとえば日本で18時のオープンと同時に予約している場合、何時に到着すべきか。18時ちょうどにならないと中に入れてくれず、雨が降っていても外で待たなければならない店もあります。逆に一斉スタートの店だと、1分遅れただけで電話がかかってくることもあります。このあたりはお店によって全く考え方が違うので、SNSや予約サイト、予約時の電話で説明してほしいところです。一方、海外では、オープンと同時に伺ってもいまだお店側の準備ができていなくて入れないことが頻繁にあります。そもそも一斉スタートというのが稀でもあり、日本に比べると相当おおらかだという印象です。

迷惑な行動をしていないか

周囲の人に迷惑をかける客も、困りものです。たとえば、香水の香りがきつい。海外の場合は、文化的に仕方がない国もありますが、日本は小規模なお店が多い。かつ、鮨屋や割烹など、生魚を扱う場合は香りが移りやすいので、気をつけたほうがいいと思います。ある鮨屋のカウンターで、親方が女性に臭いが強いと注意していました。その場合はハンドクリームだったので、女性は手を洗いに行ってことなきを得ました。

酔っ払って他の客に絡むような客は、問題外です。昔、福岡の有名鮨店で酔っ払った男性にひたすら絡まれ続けたことがありました。同伴女性はいたたまれなさそうでしたが、おかまいなしです。親方も制することなく、謝罪もありません。後で兄弟子筋にその話をしたら、地元の老舗企業のバカ息子として酒癖が悪いことで有名で、出禁にするようにアドバイスしたにもかかわらず、その弟弟子はこっそり受け入れていたそうです。お店からすると、お金をたくさん落としてくれる客や地元の有力者だと注意しづらいのでしょうが、他の客に絡むというのは、話にならない。

どれも基本的で当たり前なことですが、実際に僕が体験した事例なので、反面教師にしていただければと思います。

他の店の話をする是非

従来、食事中に他のお店の話をするのはマナー違反、といわれてきました。それを嫌がる料理人さんは、今でもたくさんいます。ただ最近は、必ずしもそうとはいえない状況も増えてきています。

なぜかというと、料理人自身がフーディーに負けず劣らず他の店を食べ歩く時代になってきているからです。カウンターのお店の場合、初めて来店するお客さんの緊張をほぐすために、普段どういうお店に行かれているんですか、とお店側から話題を振ることがあります。地方を食べ歩いていると、今回どの辺り回られるんですか、という話から、ここも行ってみてください、など、話題が広がることもあります。また、ある程度馴染みのお客さんであれば、情報交換を兼ねて、話題になっているレストランについて話すこともあります。

すでにそのお店の料理人がどういうタイプかわかっていればいいのですが、そうでない場合は、他のお店の話をするときは気をつけるのが無難でしょう。他のお客さんがその料理人と険悪な仲の料理人の名前を出してしまい、場が凍りついた、という状況に遭遇したことも実際あります。自分からはそういう話題に持っていかず、料理人がそういう話を振ってきたら、答える、というのが最初は安全かと思います。

第3章

食から国の素顔が見えてくる

世界の料理総まとめ

ガストロノミーの基盤となるフランス料理

世界にはいろんな料理がありますが、世界中に影響を及ぼしたという意味でひとつ挙げるとすれば、やはりフランス料理ということになるでしょう。フランス料理を専門としていなくても、西洋料理をやっていれば、意識している、いないにかかわらず、なんらかの影響を受けている料理人がほとんどだと思います。

なぜフランス料理がこれほどまでに世界中に広まったのか。それは、フランスという国が昔から中央集権国家で、王様や貴族に富が集中していたという歴史的背景が大きかったと考えられます。富が集中することで、文化が育まれていったのです。

富の集積が起きると、持つ人と持たない人が出てきます。持つ人は、自分で食事を用意する必要がなくなり、人を雇って料理を作らせたり、食材にこだわったり、贅沢をすることができるようになった。社会としてそれがいいかどうかは全く別として、富が偏在する社会のほうが、食をはじめ音楽や絵画、舞台などの文化が進展したという側面は否定できないかと思います。

宮廷文化の中で、貴族たちが自らの権力を誇示したり、外交を有利に進めたりするために、お抱え料理人が味を競い合った。フランス料理を作り上げた1人、アントナン・カレームも、こうした中から出てきたシェフでした。

その後、宮廷で育まれた料理の文化は、フランス革命などを経て、街場や庶民に降りていきました。王様や貴族に雇われた人たちが職を失い、食べていかなければならず、レストランを始めるケースも多かった。これは、王様や貴族のために音楽を作ったり絵を描いていたアーティストが、自分で食い扶持を見つけなければならなくなったのと全く同じです。

そして次に登場したのが、オーギュスト・エスコフィエ。彼はフランス料理を体系化し、膨大なレシピを編纂した料理本を世に送り出しました。そして、ブリゲード・システム（キッチンにおける料理人の組織化）を確立するなど、キッチンの近代化を進めました。誰でも学べて、参考にできる、その結果としてフランス料理は普遍性を獲得することにつながっていったのです。

フランス料理の歴史を語り始めるとそれだけで一冊の本が必要になるので、ここでは手短にまとめますが、エスコフィエが確立した古典料理のあと、1970年代にはヌーベル・キュイジーヌ（後述します）が脚光を浴び、1980年代以降はキュイジーヌ・モデルヌ（ジョエル・ロブションらの近代的な料理）が台頭します。これらは、必ずしもお互い相容れなかったり断絶があったりするものではありません。

ヌーベル・キュイジーヌの傾向はもっと早い年代から表れていて、古典料理の基盤を踏まえたうえで軽さを追求したり、より食材自体の持ち味を生かしたりとしているうちにそう呼ばれるようになった、ということだと僕は解釈しています。キュイジーヌ・モデルヌは、ヌーベル・キュイジーヌほど明確に定義されてはいませんが、古典への部分的回帰という側面が強いと思います。つまり、古典料理もヌーベル・キュイジーヌもどちらも踏まえたうえで、新たな料理に昇華させている、といえるかと思います。

キュイジーヌ・モデルヌ以降は、ひとつにくくられるような料理のスタイルは、フランスからは生まれていません。せいぜい、ビストロノミー（ガストロノミーの修業をした料理人が、カジュアルなビストロのような店で、ガストロノミックな料理を提供する流れ）くらいでしょうが、これは料理のスタイルというより、トレンドかと思います。

もうひとつのトレンド（料理スタイルではなく）としては、日本人シェフの台頭と和の要素を取り入れた料理が増えたことは挙げられるかと思います。昔から、多くの日本人の料理人がフランスで働いてきました。ただ、シェフでない立場で修業させてもらっているパターンがほとんどで、シェフになったとしてもあまり表に出させてもらえない、さらにオーナーシェフとなると極めて稀、という状況が2000年代まで続いていたように思います。それが、2010年代に入り、日本人シェフの店が急増しました。昔は日本人が作るフランス料理ということで偏見の目で見られていたのが、逆に日本人シェフの店だから行ってみよう、となるくらいに一変したのです。そして、現在では小林圭シェフがパリに構える「レストラン・ケイ(Restaurant Kei)」がミシュラン三つ星を獲得するなど、日本人シェフの存在はフランスのレストランシーンで当たり前のものとなりました。

同時に、日本人でないシェフも和の要素を取り入れた料理をするようになりました。たとえば、刺身を意識した生魚を前菜で出す。あるいは、柚子や醤油をソースに使う。特に、柚子はフランスでも生産されていますし、極めて一般的にレストランで用いられる柑橘となりました。日本人としては、いかに上質なフランスの魚でも、生で食べる前提で扱われていないものは厳しいと感じることもありますが、フランス人の多くは歓迎しているようです。

大きなひとつの料理スタイルはなくとも、才能あるシェフたちがそれぞれ独自の料理を追求している、というのが現状かと思います。

伝統と革新が両立するイタリア

イタリアの料理の大きな特色は、地域的な多様性が大きいことです。フランスは中央集権国家になってから歴史が長く、文化としての均質性が高い。南フランスと北フランスでは、さすがに料理は違いますが、１００キロ移動したとて、それほど大きな変わりはない。ところが、イタリアは50キロも移動すれば、料理ががらっと変わってしまうくらいに違います。地域性がとても豊かなのです。

そもそもイタリアという国は、まだできて１５０年ほどしか経っていません。それまでは別々の国だったので、文化が多様なのです。だから、本当のイタリアの料理を知るには、全州をくまなく回る必要があります。

イタリアの面白いところは、地元の人たちが郷土料理をこよなく愛しているということです。これはかなり珍しいことです。どこの国でもそうですが、わざわざ外食するのであれば、普段と違うものを食べたいと思う人が大半だと思います。家でも食べられるものを外のレストランで食べたいと思う人は少ないでしょう。

しかし、イタリア人は違うのです。家と全く同じレシピのものを、地元のトラットリアで食べる。もちろん、家よりは美味しくなっているでしょうが、大きく変わるわけではない。そして、そこに外国どころか他の地域の要素を下手に入れようものなら、ものすごく怒られてしまう。食に関しては、とんでもなくコンサバティブなのです。

これは、その地を訪れる外国人としてはとてもありがたいことです。どこもかしこも和の要素を取り入れたフュージョン料理になってしまっていたら、日本人としてはいろいろな場所をわざわざ訪れる意味が薄れてしまいます。この保守性によって、伝統的な郷土料理が守られているのです。

イタリア料理には「クチーナ・ポーヴェラ（Cucina povera）」という言葉があるのですが、「ポーヴェラ」というのは英語の「プア」に通じます。実際には、貧しい人の料理というより、質素な食材を使った料理なのですが、これがイタリア料理の原点だといわれています。

たとえば、トスカーナ州では、前日に残って硬くなったパンをサラダの具材にした「パンツァネッラ」や、パンをスープに入れて煮込んだ料理「リボリータ」が有名です。トスカーナ州に限らず、残ったものを使う、安い食材やどこにでもある食材を美味しく食べる。これが、イタリア料理の根本、魂です。

ピエモンテに長年住んでいるトリュフハンターの富松恒臣《とみまつつねおみ》さんから、興味深い話を聞きました。伝統的ピエモンテ料理は、やわらかいものが多いというのです。なぜかというと、かつては男性にも女性にも激しい肉体労働が求められ、歯がすり減って硬いものが食べられなくなったとか。だから、「スフォルマート」と呼ばれるスフレっぽい蒸し料理があったり、昔ながらの庶民的な店に行くとパスタも歯ごたえがなく、飲めるくらいやわらかい。ステーキのような焼いた料理よりも、煮込みのほうが多い。1970年代以降、ワインやトリュフが世界で注目され、ピエモンテは豊かになっていきますが、それまでは平地が少ない貧しいエリアでした。その歴史が、郷土料理を形作ったのです。

イタリアは、トラットリアだけではありません。ここ10年ほど、リストランテも面白くなってきています。10年以上前はどうだったかというと、グァルティエロ・マルケージという有名シェフはいたものの、リストランテというと金箔をのせてみたり、トラットリアと同じ料理を豪華な皿や盛り付けで出してみたりと、中身のない店が多かった記憶があります。また、物珍しさから日本などアジアの食材や調味料に飛びついたものの、それを自分のものにできていない残念な店も多かったです。

それが、リミニ郊外の「ポーヴェロ・ディアヴォロ（Povero Diavolo）」のシェフとして名を馳せたピエルジョルジョ・パリーニが登場した頃からでしょうか、徐々に変わってきました。ピエルジョルジョは、ハーブの魔術師という異名を取ったくらい地元のハーブを研究していて、自分で図鑑にまとめていました。ローマ時代には使われていたのに、今は食べられていない、そういうハーブを料理に取り入れたのが一例です。つまり、彼は、異文化から何か要素を取り入れるのではなく、イタリア、リミニ、周りの土地を深く掘り下げることで、忘れられていた固有の食文化を発掘し、料理に生かしたのです。このアプローチは、コペンハーゲン「ノーマ（Noma）」とも共鳴するものです。

このあたりから、その土地のエッセンスを反映したリストランテが増えました。

美味しい店という意味ではもちろんフランスにもたくさんありますが、新しくオープンする訪れるべき店という意味では、今は圧倒的にイタリアのほうが多い。結果、僕はここ数年、年2回から3回、イタリアを食べ歩いています。それぞれ2〜3週間は滞在するのですが、それでも回りきれません。伝統を受け継ぐトラットリアとイタリアならではの料理を供する先進的なリストランテ、どちらも魅力的なのが今のイタリアなのです。

クリエイティビティと食材豊かな美食大国スペイン

スペインは、いうまでもなく世界有数の美食大国です。近年、僕が最も頻繁に訪れているのがイタリアだとしたら、次に来るのがスペインです。年によっては、スペインのほうが多いくらいです。

スペイン料理といえば、パエリアを思い浮かべる方も多いかもしれません。または、バルで食べるタパス。これらについては後ほど詳しく書きます。あるいは、ガストロノミーに詳しい方なら、分子ガストロノミーという言葉が出てくるかもしれません。分子ガストロノミーは、それまでフランスが主導していたガストロノミーの世界において、初めてスペイン発で世界の料理界に大きな影響を与えた、重要なムーブメントです。

分子ガストロノミーとは何か。日本語だと、分子調理法と呼ばれることもありますが、僕なりに表現すると、食を科学する、とりわけ本書の文脈でいうと、ガストロノミーに科学的知見を持ち込む、というものです。

始まりは、学者たちが大昔から積み重ねてきた食物に関する研究だと思われますが、フランスのシェフであるピエール・ガニェールが科学者のエルヴェ・ティスと共同で研究や実験をしたり、スペインの「エル・ブジ（またはエル・ブリ El Bulli）」が分子ガストロノミーを実践した料理で世界的に有名になったりしたことで、大きな流れとなりました。

「エル・ブジ」は、スペインのバルセロナ郊外の田舎にあったミシュラン三つ星レストランで、シェフのアドリア兄弟が科学技術を応用したさまざまな料理を生み出しました。有名なものだと、アルギン酸ナトリウムと塩化カルシウムを合わせて、液体をキャビア状に仕立てたり、エスプーマと呼ばれる器具を使ってソースを

「エル・ブジ」が世界に広めた分子ガストロノミー：
アルギン酸ナトリウムとカルシウムの膜で液体を包んだメロンの「キャビア」

フォーム（泡）状にしたり、ジュースを液体窒素で瞬間的に凍らせてソルベを作ったり、といったところでしょうか。慣れ親しんでいるはずの食材の形状を変えたり、食感を変えたりすることで、新たな感覚を味わうことができるようになった。これが、分子ガストロノミーのひとつの成果かと思います。また、肉をタンパク質が凝固するギリギリの温度で湯煎して火入れする、低温調理も科学の知見によって生まれた技法です。

現在は、分子ガストロノミーをことさら掲げるお店はスペインでもほとんどありません。それは、分子ガストロノミーが廃れたからではなく、定着したからです。食べ手の目に触れる形だと、エスプーマや液体窒素を使う店は多いですし、目に触れない形だと、キッチンにパコジェット（固形物を粉砕して液状にする機器）など科学的な調理器具があるのは西洋料理では当たり前になりました。また、科学的には肉は低温調理だけで十分なものの、それだとお客さんの食欲をそそらないので、その上からフライパンで焼き目をつけるなども一般的になりました。つまり、分子ガストロノミーの知見を取り入れつつ、現代料理は進化しているのです。

あまり日本では知られておらず、適切な訳語が定まっていないのですが、こうして分子ガストロノミーを踏まえた創造性の高い現代料理を、スペインではコシナ・デ・アウトル（cocina de autor）と呼びます。autorは英語だとauthorで、著者。なので、cocina de autorはauthor's cuisineもしくはsignature cuisineと訳されることが多いようです。つまり、料理人が自分でサインした、自分のオリジナルのものとして表現したクリエイティブな料理、というところでしょうか。外国人がスペインを旅して高級店に行って、イノベーティブな料理だったな、と感じたとしたら、それがコシナ・デ・アウトルである可能性が高い。世界のベストレストラン50常連のバルセロナ「ディスフルタル（Disfrutar）」のシェフたちが「エル・ブジ」でアドリア兄弟を支えた経歴を持っているように、「エル・ブジ」の業績を踏まえてそこに独自性を加えたレストランが、引き続きガストロノミーの世界を牽引しています。

スペインのもうひとつの素晴らしさは、食材です。

肉だと、イベリコ豚やガリシア牛が世界的に有名です。イベリコ豚は、説明不要でしょう。トップクラスの生産者が作るハムは世界最高峰ですし、近年は生肉も以前より出回るようになったので、グリルやローストでも食べられる店が増えました。ブランドとしての価値が高いだけに、本物かどうか疑わしいものまでありますが、本物は素晴らしいです。

ガリシア牛は、月齢の低いものがごく一部日本に入ってきている程度ですが、世界的に人気を博しています。長期間肥育され、牛肉本来の香りや旨みが濃厚。脂がのっていて、食感も他の欧米の牛と比べてやわらかい。牛肉として、世界屈指です。

とはいえ、チュレタ（リブロースステーキ）を得意とするバスクの有名店の多くは、高価なガリシア牛を含むスペイン産牛肉ではなく、デンマークやドイツ産を使っています。それでも、スペインの卸業者の目利き能力と熟成の技術が高いのでしょうか、ちゃんと美味しくなる。デンマークやドイツで食べても、この水準にならないのが不思議です。

野菜も素晴らしい。なんといっても、初夏に出てくるバスク産のギサンテ・ラグリマ（グリーンピース）。直訳して日本だと涙豆とも呼ばれますが、イクラのようにプチッと弾ける食感と、中から溢れ出る雑味のない爽やかなジュースは、感動的です。僕は、ギサンテ・ラグリマを食べるために、毎年6月前後にスペインに行くくらい、ハマっています。

他にも、初夏だとナバーラ産アスパラガスや、ユキワリというキノコも良い。カタルーニャ州の山奥でいただく秋のキノコも忘れられません。トマトやレタスでさえも、みずみずしく力強い。

そして、圧巻なのが魚介類です。スペインは、四方を海に囲まれた国なので、それぞれに持ち味が異なる魚介がいます。

北のカンタブリア海なら、世界的に有名なアンチョビやヒラメ、メルルーサ。西の大西洋だとタコやペルセベス（カメノテ）。東は地中海のガンバ・ロハ（パラモス産などの赤海老）。南のアンダルシア州沿岸はひとつの海ではありませんが、コキーナと呼ばれる小さな貝が驚くほど風味豊か。キスキージャやガンバ・ブランカといった小さなエビも大きいものに負けないくらいおいしいです。

4方向に共通している魚種ももちろんありますが、海によって取れる魚介の傾向は明らかに異なります。その理由は、海水温と地形ではないかと思います。まず、地中海と外の大西洋では、海水温が違う。また海底の地形の違いで岩場の魚か、砂地の魚かに分かれたり、深さも生息する魚種に影響したりする。これだけ多種多様な魚介を国内で集めることができる国は、ヨーロッパでもスペインくらいではないでしょうか。

こういった上質な食材に恵まれたスペインならではの、レストランのジャンルがあります。それが、コシナ・デ・プロドゥクト（cocina de producto）です。この言葉も、定着した訳語がないと思うのですが、食材料理、といったところでしょうか。業態としては、肉専門店、魚介専門店、アサドール（後に説明しますが、肉や魚を焼いて提供するレストラン）という形を取ることが多いのですが、どれも食材フォーカスであり、それをシンプルに調理することを旨としています。もちろん、調理の技術が大事にはなるのですが、そもそも食材が良くなければコシナ・デ・プロドゥクトは成り立ちません。よって、ヨーロッパの多くの国ではそもそも不可能な料理ジャンルなのです。

僕がスペインを旅するときは、コシナ・デ・アウトルとコシナ・デ・プロドゥクトを取り混ぜることが多い。クリエイティビティと食材、両方があるがゆえに、スペインは美食大国なのです。

「まずい国」の汚名返上するイギリス

料理が残念な国、というと、その筆頭に挙げられてきたのが、イギリスでした。確かに、その評価も頷けるところがあったと僕自身、思います。

僕はクラシック音楽も食と同じくらい好きだったので、パリに住んでいたとき、よくユーロスターに乗ってロンドンまで遊びに行きました。コンサートは素晴らしくても、その前後の食事には本当に困りました。そもそも90年代のロンドンには、イギリスならではのおいしい料理は存在しないに等しかった。だから、行くとしたらインド料理か中華料理でした。といっても、今ほどガストロノミーを追求したレストランは、これらのジャンルでも皆無で、あくまでカジュアルに食べられるそこそこうまい料理、といった程度でした。

ある有名なイタリアンに行くと、パスタは伸びきっていて問題外。魚介はまず間違いなくがっかりするので注文しない。肉は思いのほかおいしいけれど、付け合わせは茹でただけの野菜。味付けがされておらず、自分でテーブルの塩胡椒をかけて食べる、というものでした。その当時、唯一イギリスでおいしいと思ったのは、スコーンに添えられているクロテッドクリームくらいです。

2000年代に入ると、モダン・ブリティッシュ（Modern British）と呼ばれる現代的イギリス料理というジャンルが生まれ、少しずつまともな店が増えてきました。ただ、その多くは昔よりおいしくなったね、というレベルで、個人的にはあえて行く価値を感じませんでした。価格も、パリの同じくらいの格式の店のざっくり1・5倍くらいだったので、なおさらです。

そんな中、イギリスのレストランシーンで唯一輝きを放っていたのが、「ファット・ダック（Fat Duck）」でした。ここ数十年のイギリスのレストランシーンを語るうえで、最重要といっても過言でないでしょう。世界のベストレストラン50でも第1位に輝いたことがある、ロンドン郊外の名店です。ここは初めて、外国人が食事を目的にイギリスを訪れるようになったきっかけの店だと思います。

「ファット・ダック」は、分子ガストロノミーの成果を踏まえつつ、巧みなストーリーテリングを持ち込んだという意味で、画期的でした。テーマは、シェフが歩んできた人生。たとえば、シェフは子どもの頃、夏休みのたびに海辺の家に家族で遊びに行っていたそうで、その思い出を現代的な魚介料理で表現しています。そのお供となるのが、音楽。イヤホンが渡されるので、耳に装着すると、波の音が聞こえてきます。そのBGMを楽しみながら、魚介をいただくのです。

ゲストの思い出を料理に取り入れることもあります。そのための専任のスタッフがいて、事前にやりとりしてアンケートに答えることになります。僕が10年ほど前に訪れたときは、食事のほんの1時間前ほどにアップした僕のインスタグラムの写真が印刷されて、デザートに添えられていたので、驚きました。

2010年代になると、イギリスのレストランシーンは驚くべき変貌を遂げました。その最大の理由は、外国出身者が増えたことではないかと考えています。

ロンドンには金融街があり、外国人にとって不動産投資もしやすい環境にあるので、ロンドンを中心にイギリスに投資をする人が増えました。また、財を築いたアラブの国々や中国、ロシアなど新興国の人々が、イギリスに長期滞在したり、移住したりする事例も増えました。ロンドンは今や、外国人の富裕層が集まる場所となったのです。

そして、そういう人たちが、あり余るお金を、家や車だけでなく食にも使うようになった。高級レストランが成り立つための大事な条件のひとつは、その対価を払える人がいるかどうか、ですが、これが満たされたのです。名鮨職人の荒木水都弘《みつひろ》さんがロンドンに「ジ・アラキ（The Araki）」を構えて握っていたときに訪れたのですが、面白い話を聞かせてくれました。2人で来た外国人のお客さんが、たくさん食べたいから3人前握ってくれ、といったそうです。本当に食べきれるか半信半疑で握ったら、ちゃんと完食したそうです。その当時の「ジ・アラキ」はロンドンで最も高いレストランでしたが、そんなことは気にならず、うまいものが食べたい、という富裕層がたくさんいたのです。

現在のイギリスは、わざわざ旅をするに値するレストランが何軒もあります。コロナ禍で海外渡航が難しかったときも、比較的行きやすかったので、2020～2021年と連続で2週間ずつくらい食べに行ったんですが、極めて充実した旅になりました。

今やロンドンには、ミシュランで星を獲得したり世界のベストレストラン50にランクインしたりする店が数多くあります。その多くは、現代的イギリス料理の店ですが、昔の世代のレストランより格段とレベルが上がりました。また、インド料理でも、昔は特に料理にこだわりのないカジュアルな店くらいしかなかったのが、洗練された現代的インド料理が生まれたり、本場さながらの郷土料理の店が増えたりするなど、充実が見られます。

そして、特筆すべきが、地方のレストランです。イギリスのレストランのレベルが上がる中で認識するようになったのですが、もともとイギリスは食材には恵まれていました。肉だと、仔羊や鴨、鳩、そしてジビエの雷鳥。魚介だと、アカザエビやドーバーソール（舌平目）。もともと食材は良かったのに調理が悪くてそれに気付けなかったのか、それとも生産技術や流通の向上でおいしくなったのかは不明ですが、いずれにしても、今現在は、どれも世界に誇れる食材です。これらを産地の近くで楽しめるのが、地方のレストランなのです。

その最高峰といえるのが、イングランド北西部、カートメルというリゾート地にあるレストラン「ランクルーム（L'Enclume）」です。もともとイギリス国内では有名でしたが、僕が初めて訪れたときはまだミシュラン二つ星で、国外での知名度は限定的でした。その後、三つ星を獲得して、ようやくフーディーたちも目を向けるようになったかと思います。

シェフのサイモン・ローガンは、広大な自家農園で採れた野菜と地元生産者の食材を使い、季節感のある料理を提供しています。また、山にある天然のものを採取したり、発酵の技法を使ったりしています。ニュー・ノルディックと共通したアプローチを取っているのですが、サイモン曰く、子どもの頃はおじいちゃんに連れられて野草やキノコを取りに行ったりしていたし、冬を越すため食材を保存するのは当たり前だったそうで、これは彼自身が受け継いできた伝統だそうです。いずれにしても、今のイギリスを知るうえで、代表的なお店だと思います。

もう一軒、僕が注目しているのが、イングランド北東部にある「イェム（Hjem）」です。北欧出身のシェフがイギリス人の女性と結婚し、奥さんの地元で営んでいるレストランです。

イギリスの地方を旅するとわかるのですが、イギリス北部は北欧と親和性が高い。スコットランドで独立運動をしている人の中には、スコットランドは北欧の一部だ、と主張する人もいるそうですが、確かに気候的にも似たところがあるし、歴史的にもつながりがある。よって、ニュー・ノルディックのアプローチは親和性が高いだろうなと感じるのです。

当店は、まさに、地元食材でニュー・ノルディックの流れをくむ料理を実践しています。北欧より若干気候に恵まれているので、使える地元食材は北欧よりも多い。よって、表現の幅も広く、イギリスにおけるガストロノミーの新たな可能性を感じさせてくれる店です。

イギリスは、現時点では、そこら辺のお店にふらっと入っても美味しい、という状況にはありません。特定のレストランとシェフたちが頑張っているという段階で、一般のお店に関してはまだまだ厳しいというのが正直なところです。ただ、住むのでなければそういうお店にわざわざ行くこともないでしょうから、ちゃんとお店を選び、事前に予約をして訪れれば、昔のようにイギリスでまずいものに遭遇するということはありません。日本からわざわざ食目的でイギリスに行く人は少ないかもしれませんが、その価値はある、と断言できます。

ニュー・ノルディックで激変した北欧

北欧も、イギリス同様、食という観点からは極めて残念な場所でした。それが、本書を手に取る方であればご存じかと思いますが、2004年に「ニュー・ノルディック宣言」が発表されたことをきっかけに、世界から注目されるガストロノミーの最先端に躍り出たのです。

この宣言の中心となったのが、デンマークの「ノーマ（Noma）」を率いるシェフのレネ・レゼピです。ニュー・ノルディック料理の核となるのは、ファーメンテーション（発酵）とフォレイジング（採取）。発酵食品や、野にあるハーブやキノコなどの天然食材を積極的に用いた料理です。発酵は、ドリンクにも及び、「ノーマ」によってコンブチャが世界的に広まったのではないかと思います。

意義深いのは、このどちらとも、もともと北欧の文化だったということで

「ノーマ」シェフのレネ・レゼピ氏。
「採取」と「発酵」を中心とした独自の料理哲学を世界に知らしめた

す。これは、「ノーマ」が主宰するNOMADという食の研究組織の論文を見て知ったのですが、昔は、夏場に収穫した野菜を保存したり発酵させたりして、食材がなくなる冬に食べるのは、当たり前のことでした。また、豊かでなかったこともあり、山に入って食べられるものを探してくるのも珍しいことではありませんでした。それが、第二次大戦後、スーパーマーケットに行けばわざわざ摘んでこなくても食材が買えるようになり、発酵食品を準備しなくても、真冬でも温暖な国で育てられた野菜や果物が手に入るようになったのです。そうなると、採取や発酵はスーパーで食材を買えない貧しい人がすること、となってしまい、ある種のスティグマ化（採取や発酵にネガティブなイメージが植え付けられる）が起きたそうです。「ノーマ」は、その価値観を逆転させ、自分たちが誇るべき文化として打ち出したのです。

北欧を代表するレストランの多くは、現在、発酵と採取をベースとしつつも、さまざまな方向性に進化しています。もともとは北欧の食材を使うのもニューノルディック宣言の一部でしたが、現在は地元食材を中心としつつ、他の食材を選択的に使うこともあります。「ノーマ」の場合、日本やメキシコでのポップアップを経て、それらの国々の要素も時には取り入れています。ただ、あくまで仕上がった料理としては、「ノーマ」にしかできない、唯一無二のものであるといえます。

北欧の中でも、デンマークのコペンハーゲンは、世界有数の美食都市となりました。食事を目的にデンマークに人が行くなどということは、25年前には全く考えられなかったと思います。それが、今や「ノーマ」だけでなく「ゲラニウム(Geranium)」「アルケミスト(Alchemist)」「カドー(Kadeau)」「ヨードナー(Restaurant Jordnær)」などそれぞれ個性のある店がひしめいています。

カジュアルなレストランで訪れる価値のある店も最近は少しずつ出てきていますが、安価なところだと、ベーカリーが要注目です。北欧から連想されるサワードウブレッド(天然酵母パン)も素晴らしいですが、シナモンバンなどのヴィエノワズリーは世界屈指です。よって、昼夜ファインダイニングでフルコースを食べるのがきつい、という方には、昼ベーカリー巡り、夜ファインダイニングというのがおすすめのコースとなります。

デンマークといえば「スモーブロー」というオープンサンドイッチが名物です。個人的には、評判の店で食べても、料理の完成度という意味で厳しいと思いますし、マヨネーズが油っぽすぎて胃にもたれる。ただ、ノスタルジーがあるデンマーク人にとっては、このままでよいのでしょう。文化として、一度経験する分にはありだと思います。

よく、ニュー・ノルディックに続く料理界のトレンドは何か、という議論を料理雑誌などで見かけます。ただ僕は、ニュー・ノルディックというムーブメントは引き続き世界の料理界で大きな意味を持っていて、影響を与え続けていると考えています。

ニュー・ノルディックの特徴は、世界中のどこでも応用できる哲学だということです。特定の食材を使うからニュー・ノルディック、だったとしたら、その食材がない土地には広まらない。そうではなく、普遍性のある哲学、考え方、アプローチだったから、影響力が強いのです。

都市国家でない限り、世界のどの国にも天然食材はあるし、昔はそれを採取して食べていた。また、寒いところに限らず、発酵の文化は多くの国に存在しています。発酵と採取を軸に、地元の伝統的食文化と食材を生かした料理を作り上げる。これは、世界中でできることだし、かつ場所が違えば同じ完成形にはならない。

「ノーマ」で修業した外国人シェフが、自国に戻ってそのアプローチを実践している例もありますし、また「ノーマ」にインスパイアされた料理人が独自の研究を元にその国ならではの現代的料理を作り上げている例もあります。「ノーマ」の影響で、特にガストロノミーが弱かった国の料理のレベルが格段に上がっているのです。ニュー・ノルディックの次は南米か、という声もここ5年ほど聞こえてきますが、それは、ニュー・ノルディックのアプローチのもとに南米の国々の料理が進化して、開花しつつあるというだけの話です。これは新しい料理のトレンドではなく、ニュー・ノルディックの流れの中にあります。分子ガストロノミーやニュー・ノルディックと並ぶくらいの次の大きなトレンドは、まだないというのが僕の答えです。

なぜ、アメリカで美食は厳しいのか?

アメリカにも良いレストランはありますし、才能あるシェフはたくさんいます。ただ、人口比で考えると、数は少ない。そして、美食、ガストロノミーという観点でいうと、残念な国です。

僕は、アメリカの根本的な問題は、食べ手の意識だと思っています。料理人のせいではありません。語弊があるかもしれませんが、端的にいうと、自分が食べたいものを作れ、という文化なのです。だから、テイスティングメニューだけの店は、それが当たり前の業態（日本の鮨や割烹）を除けば、全米を探しても数えるほどしかないのです。テイスティングメニューのある店でも、アラカルトの選択肢を設けるのはほぼ必須になっていますし、実際アラカルトを好むお客さんが多い。自分が何を食べるかを人に決められたくない、と考える人が大半なのです。そういう人たちにとって、料理人は自分の望む「うまい」を提供してくれるサービスプロバイダーでしかありません。クリエイターとしての料理人にリスペクトを持ち、それを味わいたいと思っている人が極めて少ないのです。

ニューヨークですら、美食を追求するレストランをやれる才能があるのに、そこに需要がないからカジュアル店で甘んじている料理人がいたりします。地方だとなおさらで、せっかく国内外の名店で修業したのに「うまい」だけの料理をアラカルトでやるカジュアルなレストランを営んでいる、という例がたくさんあります。ただ、こういうレストランの中には、月に一度だけコースでガストロノミーの色彩が濃い料理を提供する日を作って、少人数の理解がある常連さんに提供しているという店もあります。通常営業でやりたい料理ができていなくても、クリエイターとして心が折れていないのは、本当にすごいことだと思います。だから、料理人が悪いのではなく、食べ手の意識の問題なのです。

そもそも、アメリカ人の多くは、レストランを料理と向き合う場所として認識していないように思います。どちらかというと、家族や友人と楽しい時間を過ごしたり、ビジネスの接待をしたりするためのエンターテインメント施設であって、料理はお洒落な内装や盛り上げてくれるBGMと同じく、そのひとつのアトラクションでしかないのです。もちろん、誰と食べるかだったり、内装や音楽も大事です。そして、日本のレストランは学ぶべきところがあります。ただ、料理自体を楽しみに訪れるお客さんが少ないと、ガストロノミーを追求するようなレストランがなかなか成り立たないのも不思議ではありません。

アメリカの大都市で、一番この傾向が強いのが、ロサンゼルスではないかと思います。もともと、テイスティングメニューのみの店が皆無に近かったのが、ようやくここ10年で機が熟し、世界のベストレストラン50にランクインが期待されるような意欲的な店も登場してきました。ただ、残念ながら、コロナ禍でそれらの店は壊滅しました。ようやく2024年になって再開しつつある店もありますが、ファインダイニングを諦め、カジュアルレストランに業態を転換して成功している店もあります。ビジネスの観点からは繁盛しているのはいいことですが、シェフが本当にやりたいことが絶たれてしまい、才能のあるシェフが美食を追求できなくなってしまったのは、料理界にとっても損失だと思っています。

そんなアメリカの強みは、カジュアルなレストランです。先にも書きましたが、楽しい、ワクワクする、気分が高揚する店を作らせたら、世界一かもしれません。つまり、そういう意味では世界で最も先進的なマーケットなのです。

そういうカジュアルレストランの多くは、世界のさまざまな国の料理を提供しています。移民が自分の食文化を反映した料理をやっていたり、日本や最近だと韓国の影響を取り入れた料理をやってみたり。なかでも、メキシコ料理の充実度合いは特筆すべきものがあります。よって、アメリカ人で国外に行く機会のない人にとっては、アメリカのレストランシーンは世界一だ、といえるかもしれません。

ただ、海外から訪れる立場でいうと、全く逆のことがいえます。日本からアメリカに行って、わざわざ日本の食材を多用したレストランに行きたくない。アメリカでイタリア料理を食べるくらいなら、イタリアに行けばいい、となってしまいます。もちろん、イタリア本国よりも優れたイタリア料理を提供しているとか、その店ならではの要素（アメリカの食材、シェフのオリジナリティ）が素晴らしいとか、そういうことであれば行く理由になりますが、そんなお店は数えるほどしかありません。

逆に、アメリカナイズされることで、もともとのその国の料理の良さがなくなることもあります。今はそこまでひどくありませんが、昔はアメリカでパスタを注文すると完全に伸びきっているのが普通でした。リトルイタリーすら、その有り様です。アルデンテと注文しても、知らないようで不思議な顔をされる、そういう状況でした。アメリカに住んだことがある方は、General Tso's Chicken や Beef with Broccoli など、アメリカナイズされたB級中華をご存じでしょう。中には、食べ続けるうちに、好きになった方もいるかもしれません。長く住んでいるとそういうアジアの味が欲しくなるだろうし、慣れると中毒性があるのでその気持ちもわかりますが、個人的にはわざわざアメリカにそういうものを食べに行きたいとは思いません。

これはカジュアル店ではありませんが、あるニューヨークで高評価を獲得するレストランは、世界中から最高の食材を取り寄せているそうです。そのお店は魚介が中心なので、結果として日本の食材が約8割を占めています。いくら最高の食材といっても、日本で食べるよりは状態がよくない。しかも、それをカバーするだけの技術もない。日本人からすれば、訪れる価値は感じられないのです。

一方、アメリカらしい料理といえば、ステーキ、ハンバーガー、バーベキューなどでしょうか。ステーキに関しては、アメリカの牛肉は月齢が短いので、スペインで食べるステーキに比べると、評判ほどではないと思っています。ハンバーガーは、ちゃんとレシピが考えられているお店は、行く価値があると思っています。

個人的に、テキサスバーベキューは素晴らしいし、わざわざアメリカに食べに行く価値があると思っています。バーベキューにはいろんなスタイルがあるんですが、テキサス風はブリスケット（肩バラ肉の一部）やリブを8時間ほどかけてスモーカーでじっくり火入れして、ほろほろになったところでソースをつけずそのまま食べる。これは、シンプルにうまい。バーベキューを目当てにテキサスの主要都市を巡ったこともありますし、オースティンの名店「フランクリン・バーベキュー（Franklin Barbecue）」に3時間以上並んだこともありますが、その甲斐はありました。

未知なる食材や文化に出会える
ラテンアメリカ

ニュー・ノルディック的な哲学が最も花開いたのが、ラテンアメリカです。もともとラテンアメリカは、インディヘナと呼ばれる先住民の人々が培ってきた、独自の食文化がありました。各地域に伝わる食文化や固有の食材を生かした料理が、ラテンアメリカ中で現在進行形で生まれています。

ラテンアメリカの中で、ガストロノミーがいち早く開花したのは、メキシコとペルーではないかと思います。どちらの国も、スペイン語圏ということもあって、スペインを中心とした海外で修業したシェフが帰国し、そこで培ったヨーロッパの料理を提供するところから始まったのではないかと思います。そこから、地元の食材に目を向け、取り入れるようになった。

たとえば、僕が初めてメキシコのレストランを回ったのは15年以上前ですが、当時から有名店だった「プジョル（Pujol）」を訪れると、そういったメキシコの食材を取り入れた西洋料理、という印象でした。それが、徐々にメキシコの食文化を取り入れたり、メキシコ料理を再構築するようになった。また、単に自国の食材というだけでなく、ヨーロッパにはない固有の食材も積極的に使うようになった。そして、伝統料理の再構築ではない独創的な料理をそれぞれの料理人が作り上げるようになった。こんな流れではないかと思います。

ペルーも、長い間脈々と受け継がれてきた先住民の食文化があり、今のペルー料理の原型はインカ時代（13～16世紀）に生まれたといわれています。食材の宝庫でもあり、ペルー原産のいも（塊茎類）は５０００種類以上。唐辛子も３００種類以上。トマトもペルー北部とエクアドル南部発祥だといわれています。他にもペルーや園周辺地域以外では見かけない固有の食材がたくさんあります。加えて、ペルーは多民族国家でもあります。先住民、白人、黒人、そして移民としてやってきた日本人や中国人、イタリア人など世界中の人々がそれぞれの食文化を持ち寄り、それらが融合したペルー独自の新しい食文化が生まれました。

そんな中、１９９４年に「アストリッド・イ・ガストン（Astrid y Gaston）」という店がリマにオープンします。シェフのガストン・アクリオは、パリの老舗「ラ・トゥール・ダルジャン（La Tour d'Argent）」で修業した経験を元に、ペルーの食材を取り入れたフランス料理を提供するところからスタートしました。その後、徐々にペルー料理の色彩をより濃く取り入れていき、ガストロノミーとしてのペルー料理を確立するに至りました。ガストンは、自らの店にとどまらず、アンバサダー的役割でペルー料理を世界に発信するようになります。セビーチェという料理が欧米含め世界中で見られるようになったのは、彼の影響が大きいといわれています。その後、南米に限らず世界各国がガストロノミーを軸に国をブランディングしたり、観光客を呼び込んだりしようとしていますが、この流れのきっかけとなったのはペルーの成功だと思います。

その次の世代の料理人の代表格が、2023年の世界のベストレストラン50で1位になった「セントラル（CENTRAL）」を率いる、ヴィルヒリオ・マルティネスです。ヴィルヒリオについては詳しく後述しますが、最近では高級店だけでなく、中価格帯でも現代的ペルー料理の店が増えてきているのが特徴で、ガストンやヴィルヒリオの仕事がさらに次の若い世代に受け継がれようとしています。

ペルーはまた、セビーチェなどを提供する庶民的なお店もレベルが高いですし、中華料理と融合したチーファ、和食と融合したニッケイ料理など、さまざまなバリエーションもあるので、食べ歩いていて飽きません。

他に最近では、コロンビアが面白くなってきました。コロンビアは、アンデス山脈からアマゾンの熱帯雨林、カリブ海と太平洋に面した沿岸地域、パラモスと呼ばれる高原、そして砂漠まであり、生物多様性を誇っています。

地理的に北米に近いこともあって、アメリカ的な大雑把な料理が多く、僕が15年前に訪れたときは、あまりピンときませんでした。それが、ペルーからの影響もあり、ここ10年で大きく変わりつつあります。

コロンビアのレストランシーンを牽引するのは、世界のベストレストラン50の常連になりつつある、「レオ（Leo）」。コロンビア固有の食材や各地の食文化からインスピレーションを得た独創的な料理を提供しています。南米のレストランとしては珍しい、というよりも唯一ではないかと思うのですが、食べ手を慣れ親しんだコンフォートゾーンから引き出し、未知の味覚にいざなうようなアグレッシブな料理も出てきます。知的好奇心をくすぐる刺激的な料理、という意味でも、世界有数ではないかと思います。

また、「エル・チャト（El Chato）」もボゴタ有数の人気レストランです。「レオ」よりは親しみやすく、地元民を含むより幅広い客層に支持されそうな料理を提供しています。シェフのアルバロ・クラビホの料理はイタリアで開催されたポップアップでも食べたことがあるのですが、そのときはよりイノベーティブで尖った料理を作っていて、素晴らしかった。今後、さらに進化していきそうな一軒です。

他にも、コロンビアはカジュアルなレストランが充実しています。また、コーヒーも欠かせません。コロンビア産のコーヒー豆は世界中に輸出されてきましたが、その反面、コロンビアには良い豆が残らないという問題がありました。それが、ようやくここ10年でスペシャルティコーヒーの文化が花開き、状況が一変したのです。コロンビアのレストラン街を歩いていると、200mに一軒はこだわりのコーヒーショップがあり、豆の種類や飲み方（エスプレッソかドリップかだけでなく、フレンチプレスやV60も）が選択できるのが当たり前というくらいに充実しています。

そして、ラテンアメリカのガストロノミーを語るうえで忘れてはならないのが、ブラジルです。「ドン（D.O.M）」のシェフ、アレックス・アタラが、アマゾンの食材に着目して世界から注目を浴びたのは、かれこれ15年以上前でした。パルミートと呼ばれるヤシの新芽、アマゾンの超巨大魚ピラルクー、さらにはアマゾン原産のフルーツなどが使われました。僕はその当時初めて食べに行ったのですが、15年前にこれほどラテンアメリカ原産の食材を深掘りしたレストランは、他になかったと記憶しています。

「ノーマ」が東京でポップアップをしたときに、海老に蟻をのせた料理で有名になりましたが、あれはもともと「ドン」がアマゾンの蟻を使っていたのがきっかけだと思います。それくらい、世界の料理界にも影響を与えてきました。

ブラジルは国土が広く、アマゾンという大自然の宝庫もあります。現在は若い世代のシェフがそれぞれ固有食材を取り入れたイノベーティブ料理に取り組んだり、伝統料理を現代的に再構築したりしていますが、まだまだ国としてのポテンシャルは開花していないと考えています。そのボトルネックとなっているのが、客層です。今はコースのみですが、15年前の「ドン」は、すでに世界のベストレストラン50に選出されるくらいの店だったにもかかわらず、アラカルトのメニューを提供せざるを得ない状況でした。僕がイノベーティブな料理を食べている横で、地元客がステーキだけ食べて帰るのです。また、ブラジルはイタリア移民の影響が大きいので、当時はたとえフレンチであってもパスタをメニューに載せないと経営が成り立たない、という事情すらあったそうです。さすがにこのあたりは今なら少しはマシになっているでしょうが、昨年訪れて現地のシェフと話したところ、コロナ禍の影響でガストロノミーへの逆風は強まったそうです。シェフたちはアイデアも能力もあるので、なんとか彼、彼女らが才能をフルに発揮できる状況になればと願っています。

最後に、世界的にまだ食という意味で注目されていない国を紹介したいと思います。それは、中米のグアテマラです。首都のグアテマラシティーは、昔治安が悪く、観光客は行ってはいけないところといわれていました。実際、僕が15年ほど前に行ったときは、首都は素通りして、世界遺産の古都アンティグアやアティトラン湖を巡ったのを覚えています。それが、今や治安は改善し、少なくともレストランのあるエリアについては訪れることができるようになりました。「スブリメ（Sublime）」「ディアカ（Diacá）」「フロル・デ・リス（Flor De Lis）」など、ガストロノミーの名に値する店も生まれています。

なぜ中米の中でグアテマラなのか。僕の解釈では、グアテマラは、北に国境を接するメキシコとマヤ文明を共有しているのが大きいのではないかと思っています。ラテンアメリカにおける美食の先進国であるメキシコのシェフたちが、マヤ文明に由来する食文化をガストロノミーに仕立て上げるのを見て、インスピレーションを得たのではないか。まだ始まったばかりではありますが、上記の3軒やアンティグアの「キルトロ（Quiltro）」がリードする形で、さらに独自の美食文化が開花していくことを期待しています。メキシコなど周辺国を訪れる方や、世界のベストレストラン50に入っているお店なんてほとんど行ったよ、という方に、是非おすすめしたいと思います。

ラテンアメリカは、このように地域によって違いはありますが、固有の食材や食文化を誇る国が多いのが特徴です。メキシコやペルーに続くように、ガストロノミーが今後どこまで発展していくのか、とても楽しみです。

知り尽くすには広すぎて深すぎる中国

中国は、広大な土地と長い歴史を持つ、文化的多様性に富んだ国です。食文化も例外ではなく、地域ごとに異なる食材や調理法、味付けが根付いています。一口に「中国料理」といっても、その奥深さは計り知れません。

中国料理は、大きく8つの地域に分けられます。細かく語るとそれだけで一冊の本になるのでここでは触れませんが、それぞれ異なる気候や風土、歴史的背景によって、独特な食文化が発展してきました。細かく分類していけば、数十の料理にも分けられるほどに、多種多様な食文化があります。

2023年だけでも僕は二度、中国に行きました。改めて感じたのは、中国料理のすべてを知り尽くすのはいくら頻繁に訪れても無理かもしれない、ということです。西洋のどこかの国、というよりは、西洋料理全体が比較対象になるくらい、広く、奥が深いからです。

中国では、高級料理というと、基本は広東料理です。広東料理は、中国四大料理のひとつであり、その洗練された味わいと豊富な食材のバリエーションで知られています。清朝時代には皇帝の料理としても供され、長い歴史の中で独自の文化を発展させてきました。

広州は、19世紀初頭には世界的な貿易港としての地位を確立していました。そして、19世紀末から20世紀初頭にかけて、広東料理が海外でも知られるようになったそうです。これは香港のフーディーに聞いたんですが、その当時広東省を治めていた支配者が食通で、有能な中国料理の料理人だけでなく、フランスからもシェフを招くなどして、美食を追求していたそうです。そういった料理人たちの流れが今の香港の名店にも受け継がれているとのことです。また、20世紀にアメリカを中心とした欧米に移民した人は広東省出身が多かったそうで、それらの国々では中国料理＝広東料理、となったようです。中華というと、味が濃いイメージがあるかもしれませんが、広東料理の一部は、味付けが驚くほど繊細です。食材の風味を生かし、日本料理と比べても薄味と感じる料理すらあります。

そして今、中国の美食都市を選ぶとしたら、それは上海です。昔はカジュアルな上海料理が美味しいくらいで、ミシュランの星付きといえば、広東料理。それも、香港で食べたほうが美味しいかも、というレベルでした。それが、経済発展を遂げることで、美食にお金を払う人が増え、水準が上がりました。コロナ禍の影響もあるのではないかと思いますが、最近は他の地方の料理を出す高級店が増えたり、他の地方にあった名店が上海に移転したりしています。お客さんがいるところにお店が集まる、ということなのでしょう。

たとえば、コロナ禍の2021年に広東省の仏山から移転した「一零二小館（102 House）」。新世代の現代的な広東料理として、最高峰に位置しています。そして、初めて福建料理をファインダイニングに昇華させた「遇外灘（Meet the Bund）」。こちらは、少なくとも今は、地元福建省ではビジネス的に成り立たないかもしれない。カジュアルな福建料理のイメージが変わる、洗練された素晴らしい料理です。その他、「南興園（Nan Xing Yuan）」は、四川省を含めたとしても中国有数の四川料理店として知られています。昔の上海といえば、四川出身者が通うカジュアル店か、スパイシーさを控えたなんちゃって四川料理ばかりだったのと比べれば、雲泥の差です。このように、今や中国各地の最高峰の料理が、上海で一同に食べることができる状況になっています。

上海以外にも、素晴らしい店はたくさんあります。ただ、海外に評判が鳴り響くような店は、皆無に近い。これは、中国本土の食の情報が、国外にほぼ発信されていないからです。たとえば、今や飲食店の話題といえばSNSが中心となりますが、中国ではインスタグラムが普及していません。インスタのアカウントを持っているのは、アジアのベストレストラン50などにランクインする店くらいです。また、TikTokは中国発のアプリですが、中国国内版と国際版は全く別のコンテンツとなっています。だから、中国のレストランについて知ろうと思うと、大衆点評という食べログのようなアプリをダウンロードしてそこで検索するか、Douyin（中国版TikTok）やWeiboを見る必要があります。すべて、中国語のみです。

その情報格差が解消され、さらに英語対応が可能な店が増えれば、より多くの外国人フーディーが中国本土に注目し、訪れるようになると思っています。本来の実力からすれば、アジアのベストレストラン50に日本と同じ9軒はランクインしても全くおかしくない。世界のベストレストラン50にもランクインする店が出てくるのは、時間の問題だと思っています。

アメリカで大ブームになっている韓国料理

韓国料理といえば、以前は「カジュアルなB級グルメ」というイメージが強かったのではないでしょうか。しかし、ここ10年ほどでガストロノミーを追求するファインダイニングが続々とオープンし、韓国のレストランシーンは大きく変化しています。

代表的なお店が、ソウルの「ミングルス（Mingles）」。シェフのカン・ミングさんは、ヨーロッパで修業を積み、韓国に帰国して２０１４年にお店をオープンしました。フランス料理の技術をベースに、部分的に韓国の食材を取り入れるところから始まった「ミングルス」でしたが、godmother of Korean cuisine（韓国料理の名付け親）と称されるチョ・ヒスクシェフとの出会いもあり、徐々に韓国料理の色彩を強めていきました。結果として、今は現代に再構築した韓国料理や、韓国の食材を独自に解釈したイノベーティブ料理が中心となっています。

カン・ミングさんだけでなく、韓国料理のガストロノミーに取り組んでいるシェフたちに大きな影響を与えているのが、精進料理です。

日本ではあまり知られていませんが、韓国の精進料理は、実は世界的に有名です。そのキーパーソンが、チョン・クワンさんという尼僧。ニューヨーク「ル・ベルナルディン（Le Bernardin）」のシェフが彼女をアメリカに紹介し、その後Netflixのドキュメンタリー（『シェフのテーブル シリーズ3』）で取り上げられたことで、広く知られるようになりました。

彼女が住職を務めている白羊寺に僕も二度ほど行ったことがありますが、日本で生まれ育った人間からすると、田舎のおばあちゃんが作ってくれたような、ノスタルジーを感じるような料理です。野菜や山菜、キノコ、果物を生かし、素朴で飾らず、食べると身体に染み入るようで幸せな気持ちになる。

ガストロノミーの観点からも、見るべきものがあります。それは、五葷《ごくん》と呼ばれるネギ属の植物（ネギ、ニンニク、ニラ、タマネギ、ラッキョウ）を使っていないこと。韓国料理は、五葷で美味しくしているものが多い。貧しかった頃、必ずしも質が高くない食材をおいしくするための知恵でした。ただ、こういった刺激物や調味料に依存した料理は、主となる食材に光を当てないし、ガストロノミーに昇華しづらい。そんな中、五葷を排除して問題なく成立している韓国の精進料理を体験して、衝撃を受けたのです。また、キムチはアミ海老の塩辛を使っていない。使うことで旨味は強くなるけれど、特に長期熟成させると癖もしっかり出ます。ところが、チョン・クワンさんのキムチは全く癖がなく、澄んだ味わいのままなのです。

また、果物を発酵させたジュースを、砂糖の代わりに糖分として用いています。これも、自然な甘みが素晴らしい。チョン・クワンさんのところを訪れたあと、日本のお寺でも同じような方向性の精進料理に出会えるかもと思って何軒か行ってみましたが、どこも砂糖を使い過ぎていて、良いと思えませんでした。精進料理は、韓国のほうが洗練されていて、料理としても完成度が高いと思っています。

韓国料理は今、国外でも注目を集めています。特にアメリカでは、ニューヨークを始めとした大都市で、イノベーティブな韓国料理が旋風を巻き起こしています。

たとえば、「アトミックス（Atomix）」は、2023年度の世界のベストレストラン50でアメリカ最上位の店になるほど、高い評価を獲得しています。また、昔ながらの家庭料理に加え、カジュアルだけれど現代的な店も増えています。

韓国は、音楽でアジアのみならず世界に進出し、成功を収めていますが、政府が今度は国家戦略として食をソフトパワーとして推し進めています。2024年3月に開催されたアジアのベストレストラン50の授賞式は、韓国のソウルで行われました。これは、韓国政府が誘致したものです。

その授賞式の関連イベントとして、カン・ミングシェフが発起人となり、韓国で頭角を現しつつある若手シェフたちがコラボレートするイベントが「ミングルス」で開催されました。自分が目立つことよりも、次の世代を応援し育成することを優先している姿が印象的で、感銘を受けました。

料理人という意味では、韓国は優秀な人材が揃っています。また、ヨーロッパの有名店に行くと、まだ日本人ほどは多くないものの、キッチンで修業している韓国人の若者と出会うことも増えました。彼らが帰国する頃には、韓国のレストランシーンはさらに充実していることでしょう。

個人的に、韓国の料理界がさらに飛躍するための課題だと思っているのは、食材が料理人に届く前の工程です。端的にいうと、生産者や卸。たとえば魚介だと、日本と同じ海で取った魚介でも、質的に差が出てしまう。ということは、魚介の扱いの問題である可能性が高い。肉だと、韓牛は和牛にない個性があって素晴らしいものの、個人として名前が挙がるカリスマ生産者が出てきていない。このあたりの状況が変わってくれれば、アジア有数のガストロノミー大国になる可能性を秘めていると思います。

エクスパットとともに成長したタイのバンコク

東南アジアでガストロノミーといえば、シンガポールが筆頭に上がるかと思いますが、ケーススタディとして興味深いのが、タイのバンコクです。

タイといえば、もともと独自の食文化があり、タイ料理は今や世界に広まっています。ただ、20年ほど前までは、カジュアルな店がほとんどでした。地元の人に聞くと、タイ料理は屋台やローカルなお店で食べるのが一番、という答えが返ってきたものです。実際、ホテルの中の高級タイ料理店に行くと、綺麗に飾り付けているだけで全く美味しくありませんでした。また、その当時は外国料理の店も限られていて、最高級店というとマンダリン・オリエンタルの中の「ル・ノルマンディー（Le Normandie）」、あとはフランスのプルセル兄弟の店もありましたが、片手で足りるほどです。

それが、少なくとも首都バンコクに関しては、ここ15年ほどで大きく変わりました。そのきっかけは、エクスパット（外国企業に勤めていて、赴任してきている外国人）が増えたことではないかと個人的に分析しています。エクスパットは、世界中を飛び回っているインターナショナルな人たちで、好奇心旺盛。オープンマインドな人が多い。自分の国を出たことがない人たちに比べたら、いろんな料理に対するフレキシビリティが高いのです。また、発展途上国だと、エクスパットは現地人よりも使えるお金も多い。そうすると、現地の人が必ずしも行かないような意欲的なお店が成立したりするのです。

その一番わかりやすい事例が、インド人ガガン・アナンドシェフによる「ガガン(Gaggan)」です。アジアのベストレストラン50で、2015〜2018年度まで、なんと4年連続1位を獲得しました。「エル・ブジ」的な分子ガストロノミーを取り入れた、現代的インド料理(ガガン自身の言葉だと、プログレッシブ・インディアン)という、それまで世界に存在しなかったジャンルを切り拓いたガガンですが、彼の成功はバンコクという場所に紐付いています。

ガガン自身、この店を始めた当時のタイミングでは、このコンセプトはインドでは受け入れられなかっただろう、と語ってくれました。高級レストランをオープンするにはコストがかかりすぎるし、仕入れの問題はあるし、なにより彼の前衛的な料理を歓迎する顧客層は当時のインドにはいなかったのです。

ガガンの成功を受けて、ポジティブな連鎖が続きました。たとえば、ドイツ人のシェフ兄弟による「ズーリング(Sühring)」。世界的にも珍しい、ドイツ料理をベースとしたガストロノミーです。ドイツに食べに行くとドイツ人自身の口からよく聞くのですが、ドイツ料理とは庶民的な郷土料理を指すものであって、高級ドイツ料理というジャンルは存在しない。ドイツ人は高級なものが食べたいときは、フランス料理など外国料理の店に行くそうです。そんな状況では、ドイツ料理をいくらガストロノミーに昇華させても、ドイツ料理ならそんな値段は払いたくない、となりかねません。でも、バンコクにはそういう独創的な料理を支えるお客さんの基盤がありまず。かくして、ドイツには存在しない美食としての高級ドイツ料理が、バンコクの地で誕生したのです。

あるいは、現在はトルコのイスタンブールでミシュラン二つ星を獲得している「テュルク・ファティ・トゥタク（Turk Fatih Tutak）」。トルコ人シェフのファティ・トゥタクは、もともとバンコクの「ザ・ハウス・オン・サートン（The House on Sathorn）」という店のシェフとして、イノベーティブトルコ料理に取り組んでいました。2017年くらいに話したときは、まだこの料理をトルコでやるのは難しいかも、とのことでした。その後、機が熟したと判断したのか、トルコに戻り、2019年末に当店を立ち上げて、母国でも高い評価を得るようになりました。

そして、時を同じくしてタイ料理も進化を遂げました。きっかけは、オーストラリア人シェフがタイの宮廷料理のレシピを学んで始めた「ナーム（Nahm）」というお店です。その後、タイ人シェフたちも次々とタイ料理のガストロノミーを手がけるようになりました。宮廷料理からインスピレーションを得たり、各地域の郷土料理をガストロノミーに昇華させたり、さまざまな手法があります。

その中で、特筆すべきは、ミシュラン二つ星を獲得する「ソーン（Sorn）」です。タイ南部の料理を掘り下げてガストロノミーとして完成させただけでなく、タイ料理でおそらく初めて、主となる食材の持ち味を生かす料理を実践したのです。韓国料理のところでも触れましたが、味付けが重要視される文化ほど、主となる食材に重きが置かれない傾向があります。極端な話、食材がまあまあでも、味付けでおいしくなってしまうし、代わりに最上級の食材を使ったとしても、味付けが濃いとその差が生きない、生かされない、ということが起きるからです。そんな中、「ソーン」は食材の選定にも力を入れました。わかりやすい例でいうと、魚介がどこの誰から届いているのか。米は誰が作ったのか。生産者に光を当てる料理をタイ料理の枠内で作り上げたのです。

もちろん、味付けが疎かになるわけではありません。事前に何も伝えずに「ソーン」に行くと、多分日本人の大半は我慢できないくらい本格的に辛い料理が出てきます。できるだけ現地の味をそのままで、と思っている僕も、慣れない辛さに舌が麻痺しないよう「ソーン」だけは最初から「辛くなくしてください」と伝えるくらいです。

他にも、アジアのベストレストラン50で第1位を獲得したタイ人シェフのトンによる「ヌサラ（Nusara）」。伝統的タイ料理の風味を現代的な調理と洗練されたプレゼンテーションで表現しています。また、女性シェフのパムが率いる「ポトン（Potong）」は、中華系タイ人の料理をガストロノミーに昇華させるという、今までになかったアプローチで評判を獲得しています。バンコクは、引き続き東南アジアのガストロノミーを牽引することとなるでしょう。

第二のバンコクになる可能性を秘めたドバイ

先日、アラブ首長国連邦のドバイを食べ歩く機会がありました。その前というと、かれこれ15年くらい前となるので、隔世の感があります。その当時、ドバイのレストランシーンは発展途上というか、正直いって未成熟な状態でした。高級レストランは存在したものの、高級ホテル内のレストランが中心で、世界各国の有名シェフによる支店がいくつかある程度でした。僕が何軒か訪れた中では、フランス人の有名シェフ、ピエール・ガニェールの支店が一番印象に残りましたが、ドバイならではのオリジナリティを表現したレストランは皆無でした。結果、僕はそれ以来、ドバイに行くことがなくなってしまったのです。

２０１０年代に入ると、ドバイは急速に発展し、世界中から観光客やエクスパットが集まる国際都市へと変貌しました。また、ドバイ政府が美食都市としての地位を確立するため、さまざまな取り組みを行いました。そのひとつが、２０１４年に始まったドバイフードフェスティバルです。このフェスティバルには、世界各国のトップシェフが招聘され、料理のデモンストレーションや試食会などが開催されました。その結果、近年はドバイに根を張ったオリジナリティのあるレストランが誕生しています。

ドバイは、砂漠という土地柄、地元食材がほとんどありません。そのため、どのレストランも世界中から食材を輸入して調理するという、共通の土俵で勝負することになります。必然的に、シェフのパーソナルヒストリーや哲学を軸にした独創的な料理が発展しました。その中でも、特に印象的なのが「オシアノ（Ossiano）」です。アトランティス・ザ・パームという有名リゾートにあるレストランで、店全体が巨大な水族館に面しているため、海底を旅しているような幻想的な空間で、独創的な料理を楽しむことができます。1皿1皿に込められたストーリーの練度が高く、皿の上はもちろんのこと、それ以外のプレゼンテーションも秀逸で、感服させられます。

ドバイは、中東各国の料理を味わえるレストランも充実しています。政情不安や治安の問題で現地に行くことが難しい国も多いため、ドバイでそれらの料理を楽しめることは大きな魅力です。僕が行った中では、パレスチナ出身の女性シェフによる「ベイト・マリアム（Bait Maryam）」や、鯉を豪快に丸焼きにするイラク料理店が印象に残っています。国によっては、食材の流通面でもドバイのほうが優れている場合もあり、本場よりも美味しい料理に出会える可能性すらあります。

特に注目すべきなのが、シリアからの移民であるオーファリ兄弟がオープンした「オーファリ・ブラザーズ（Orfali Bros）」です。中東・北アフリカのベストレストラン50で第1位に輝くこのレストランは、シリア料理を含む中東の伝統的な要素を取り入れながら、現代的な料理を提供しています。特に、サワーチェリーを使ったアレッポ風のケバブは、内戦が始まる直前にこの街を訪れたことを思い出す、僕にとって感傷的な一品でした。

また、ドバイと歴史的に関係が深いインド亜大陸の料理も充実しています。現代的インド料理の「トレシンド・スタジオ（Tresind Studio）」は、インドの各地域の料理や食文化を深く掘り下げており、世界のベストレストラン50に名を連ねるほど高い評価を得ています。さらに、「アヴァタラ（Avatara）」では、ベジタリアン料理が秘めている可能性の大きさに驚かされました。

インド国外で新たなインド料理が生まれるという点において、ドバイはバンコクと共通点があります。ドバイの人口の約9割が外国人であり、その富裕層の多さは世界屈指です。バンコクと同じく、エクスパットの多さも特徴で、さまざまな文化や食文化が交差する環境が、新しい料理を生み出す土壌となっています。

これらの要素を踏まえると、ドバイは今後、第二のバンコクとして、世界的な美食都市としての地位をますます高めていくと思われます。

頭角を現し始めるアジア諸国・地域

ベトナムは、もともと食文化が豊かな場所ですが、ガストロノミーという意味では皆無に近い状態が長く続いていました。それが、ようやくここ数年、立ち上がり始めているように思います。そのひとつの傍証が、ミシュランガイドの上陸です。2023年に、ハノイとホーチミンのカバレッジを開始しました。他のアジアの国の例を見ても、ミシュランがダイニングシーンに変化をもたらすきっかけになったことが多いので、注目です。

国外で一番知名度のあるレストランは、アジアのベストレストラン50にも名前が上がる「アンアン・サイゴン（Ăn Ăn Saigon）」でしょうか。ベトナムのストリートフードをファインダイニングに再構築しています。また、オーストラリアやシンガポールですでに実績があるオーストラリア人シェフ、サム・アイスベットによる「アクナ（Akuna）」も今後注目を集めると思われます。他にもベトナムの食材にフォーカスしたイノベーティブレストランが何軒か誕生しており、5年後くらいには状況が一変する可能性があります。

インドのレストランシーンも、ここ20年ほどで変化しています。デリーやムンバイなどの主要都市には、イノベーティブなインド料理を提供するレストランが数軒、登場しています。ただ、インドでは伝統的な料理が根強く支持されていて、なかなかそこから逸脱した料理は受け入れられにくいのが現状かと思います。

ようやく2023年になって、ヒマラヤの麓の標高1500mの自然の中に「ナール（NAAR）」というデスティネーションレストランが誕生しました。この冬にでも早速行ってみようと思っていますが、高級レストランといえばホテルの中や大資本の傘下だったインドのファインダイニングに多様性をもたらすきっかけになるか、注目です。

台湾は、コロナ禍で渡航できない状況が長く続いた影響で、アジアのベストレストラン50にランクインするようなトップレストランが国際舞台から姿を消さざるを得なくなりました。それが、ようやく2023年から復活し、巻き返しを図っています。ミシュラン三つ星を獲得する台中「ＪＬスタジオ（JL Studio）」や台北の「ムメ（Mume）」「ロジー（logy）」がシーンを牽引し、新しくオープンした「盈科EIKA」がその一角を担おうとしています。個人的には、台東の「シナセラ24（Sinasera 24）」や屏東の「アカメ（AKAME）」のように、先住民の食文化を取り入れたレストランにも注目しています。

マレーシアは、「デワカン（Dewakan）」というイノベーティブレストランが牽引しています。マレーシア人ですら知らない固有の食材を発掘してきて独創的な料理に仕上げる手法は、コペンハーゲン「ノーマ（Noma）」を思わせるくらい、素晴らしい。マレーシアは主にマレー系、中華系、インド系住民から成り立っているのですが、それぞれの食文化プラスそれらが融合した食文化、それにマレーシア全土の固有の食材となると、知り尽くすのは不可能に思えるくらいです。まだまだガストロノミーという意味では難しい国ではありますが、ポテンシャルはほぼ無限に広がっているように感じます。

フィリピンは、アジアの中でも食事に期待できない国だったかと思います。それが、ここ数年、数は多くないものの、独自性がある素晴らしいレストランが誕生しています。アジアのベストレストラン50常連の「トーヨー・イータリー（Toyo Eatery）」の他、「メティス（Metiz）」「ハパグ（Hapag）」などが、フィリピン各地の食文化や伝統食材を再構築したり、さらにはオリジナリティの高いイノベーティブ料理に仕上げたりしています。僕が驚いたのは、そのお客さんのほぼ１００％がフィリピン人で、しかも若い層が多かったこと。富裕層なのでしょうが、それでもフィリピン人が高級フィリピン料理や自国の食材を使ったイノベーティブ料理に高いお金を払うという状況は、ダイニングシーンが成熟しつつあることを示しています。逆に未成熟だと、物珍しい外国の料理にはお金は払うけど、自分たちの国の料理には払わない、ということが多いのです。その意味でも、フィリピンのガストロノミーには明るい未来があると思っています。

日本は世界一の美食大国なのか？

アメリカの著名なフードジャーナリスト兼テレビパーソナリティ、アンソニー・ボーデインは、こんな言葉を残しています。

「If I had to eat only in one city for the rest of my life, Tokyo would be it」
（もし残りの人生をひとつの街でしか食べられないとしたら、東京を選ぶ）

彼の言葉は、日本が美食の国として認識されていることを示していますが、日本は本当に世界一の美食大国なのでしょうか？

まず、東京のレストランの数は、他の主要都市を大きく上回ります。パリと比べると、その数は3～4倍にもなるといわれます。ということは、東京のレストランがパリより劣っていないと仮定すると（逆に、劣っていると仮定する合理的理由はなさそうです）、一定水準を超える店の数も3～4倍あっておかしくない、ということを意味します。また、日本では東京だけでなく、京都や大阪、福岡など、各地に独自の食文化が存在します。スペインやイタリアほどではないものの、それ以外の美食先進国よりは、地域的多様性があるといえるかと思います。

日本の美食を支えるもうひとつの柱が、その恵まれた自然環境です。日本は周囲を海に囲まれた島国であり、海岸線が長いため、魚介類が豊富です。また、国土が南北に長く、地域によって気候や生態系が異なるため、多様な食材が揃います。

これらは、日本人にとっては当たり前のように聞こえるかもしれないので、逆の例を挙げてみたいと思います。南アフリカ共和国のケープタウンから車で2時間ほど行った西海岸には、「ヴォルフハット（Wolfgat）」という有名なレストランがあります。行ってみて驚いたのですが、海に面している街にもかかわらず、まともな漁港がない。ロブスターを密猟している輩はいましたが、レストランで使えるような魚介を入手しようとすると、２００km以上離れたところから取り寄せざるを得ない。そして、質もかなり微妙でした。

魚介類がおいしくなる条件のひとつとして、川の存在が挙げられます。山のミネラルや恵みが海に流れ込み、エサとなることで魚介類がおいしくなる。川のない乾燥した環境では、魚介類はおいしくなりません。海があるから自動的に魚介がおいしい、とはならないのです。

スペインのガリシア地方にある魚介の名店「ディベルト（D'Berto）」のオーナーシェフが日本に来たときに、当時の築地市場に案内しました。市場に並ぶ新鮮な魚を見て、「地元で取れる魚種の質だったら負けないけど、生でこれほど多くの魚種が揃うなんて考えられない」と驚いていました。確かに、スペインの魚介は世界有数に素晴らしく、ヨーロッパの中では魚種は多い。ただ、日本のように、季節を問わずさまざまな魚種が揃う、というほどではありません。

ロンドンで握っている頃の「ジ・アラキ（The Araki）」の荒木さんと話したときも、地元の魚介は悪くないけれど種類が揃わない、とおっしゃっていました。せいぜい、8種類前後。そして、カウンターのみの小さな店なのに、海老がそれより少ない中途半端な数しか入らないこともある。だから、つまみと握りで同じ魚介を使わざるを得ない。それくらい、日本とそれ以外の国とでは差があります。

日本では、魚介については資源の枯渇の問題があるものの、現在でも天然の食材を使った料理が珍しくありません。これは、世界の多くの国々と比べて非常に恵まれた状況といえます。世界のほとんどの国では、人間の手で育てた食材のみでメニューが構成されるのが当たり前だからです。

中でも、日本のジビエの充実度は世界一だと断言できます。ジビエを目当てに冬にフランスに行ったのですが、三つ星でジビエに力を入れているのは「ピエール・ガニェール（PIERRE GAGNAIRE）」一軒のみ。ジビエ料理がリストアップされたメニューを見ると、「昔は国産のさまざまなジビエを楽しむことができたが、今は多くが禁漁になってしまった。それでも、できるだけ国産で揃える」という悲しくなる前書きが添えられていました。日本も今後どうなるかわかりませんが、少なくとも今は多種多様なジビエを楽しむことができます。中でも、熊肉は日本以外では基本食べられない（禁猟もしくはプロフェッショナルな処理がなされていない）ので、世界に誇れる食材となっています。

さらに、歴史を振り返れば、日本には良くも悪くもヒエラルキーがあり、上流階級が文化として美味しいものを楽しむ習慣がありました。結果的に、これが食文化の発展を後押ししたのは否めません。また、茶道が日本の食文化に与えた影響も、大きなものがあります。茶事で出された懐石料理を通じて、料理をコース仕立てで順番に出すというスタイルが生まれました。結果的に、それができたての温度感を大切にすることにつながったり、日本料理のガストロノミーとしての進化を決定づけたりしたのではないかと思います。

一方で、日本のレストランシーンには課題もあります。ひとつは、移民が少ないため、外国料理のバリエーションが限られることです。たとえば、世界中で愛されているメキシコ料理ですが、美食となると、東京・恵比寿の「Tacos Bar」など数少ない店しかありません。もうひとつは、外国の料理といっても、比較的均質な日本人の好みに徹底的に合わせて味付けを変えたり、好まれそうなメニューだけ編集して提供したりする店がほとんどだということです。つまり、本場の味がそのまま楽しめる店は多くありません。これは、日本での歴史が長い料理ほどそうで、中華料理がその最たるものです。実際、外国料理は現地に行くより日本で食べたほうがおいしい、と感じている人は案外多いのではないかと思います。ただ、逆にそういう日本人の味覚に合わせた料理は、外国人にはピンとこないものになる可能性が高いです。

日本は、豊かな食材、長い歴史と地方ごとの多様な文化、常に移り変わるダイナミックなレストランシーンなど、多くの要素を持つ美食大国です。すべての面で世界一といいきれるわけではないですが、少なくとも日本のファインダイニングシーンは世界有数とはいえるでしょう。

いい客になるための美食講座

3 オーダー

「どれがおいしいですか」と聞いても意味がない

2章で詳しく触れたように、アラカルトのみの店には、料理人が食べてほしそうなものを探し当てる楽しみがあります。ただ、これには経験値が必要です。僕も、食べたことがない国の料理だったとしたら、皆目わかりません。

迷った場合、サービススタッフ（カウンターの場合は料理人）に聞くのが一番です。好きな食材や調理法など自分の好みを伝えて、何を頼めばいいか、アドバイスをもらう。仮に何を食べたいか自分で目処がついたとしても、初めてのお店だとどれくらいの量出てくるのかわからないので、適切な皿数を確認するのにサービスのアドバイスは有用です。

日本で聞いてもあまり意味がないのは、「どれがおいしいですか」という質問です。優しいお店なら、その質問をされたときの答えをすでに用意していて、これが当店のおすすめです、とすんなり教えてくれますが、頑固なサービスやご主人のお店だと、「全部おいしいです」といわれて気まずい思いをすることがあります。海外ではまずそういうやり取りはありませんが、日本では要注意です。

だから、聞くとしたら、「どの料理が人気ありますか」「どの料理がよく出ますか」と聞いてみるといいと思います。これだと、事実を確認しているだけなので、頑固なお店の人に渋い顔をされるリスクは軽減できます。

海外の場合は「どれがおいしいですか」と聞くと、お店のおすすめというよりは、サービススタッフ個人の好きなメニューを教えてくれることが多いように思います。なので、「あなたはどれが好み」と聞くのと結果的に同じです。日本だとなかなかないと思いますが、海外だと「これが好き」だけでなく、「これは好きじゃない」「やめてこっちにしたほうがいい」など、大丈夫かなと思うくらいはっきり教えてくれます。「あなたがおすすめしてくれた料理、おいしかったよ」と食後に伝えると、嬉しそうにすることも。これも、レストランという場でのコミュニケーションの醍醐味のひとつです。

言葉が通じない国でも食べたいものを選ぶ方法

ごく少数の例外を除いて、レストランのメニューには、通常、写真がありません。アラカルトのメニューを見て迷ったとき、サービススタッフに聞くとしても、外国だと言葉の壁があるかもしれないし、言葉で料理の内容を説明されてもイメージが湧かず、選べないということもあるかもしれません。そういうときに活用できるのが、Googleマップです。

イノベーティブレストランはメニューが頻繁に変わることが多いですが、そのほとんどはコースです。アラカルトの店となると、その日の料理数品以外は定番料理、というパターンが多いのではないでしょうか。Googleで調べると、料理の写真が上がっていて、場合のよってはユーザーが料理名も付けていることがあります。また、ネットでメニューを公開していない店でも、ユーザーがメニューの写真をアップしていることがあるので、その場合は事前に予習して、食べたいものいくつかに目星をつけることができます。これは、相当便利だと思います。

中国の大衆点評は、中国語のUIにさえ慣れれば、中国を食べ歩くときに本当に心強い味方になります。このアプリでお店のページをチェックすると、レビュー数の多い人気料理の写真がキャプション付きで並んでいます。メニューが読めなくても、その中から気になるものを選び、写真を指差して注文すればOKです。昔は1人で中国を食べ歩こうと思うと大変でしたが、大衆点評の使い方さえわかってしまえば、本当に楽になりました。こういうアプリが世界中にあればいいのに、と心から思います。

第4章

美食家なら
知っておきたい

グルメ
新常識

間違って使われがちな「ヌーベル・キュイジーヌ」

日本には外国料理の店がたくさんありますが、横文字のレストラン用語が間違って使われているケースが少なくありません。

たとえば、フランス料理には「ヌーベル・キュイジーヌ（Nouvelle Cuisine）」という言葉があります。直訳すれば、「Nouvelle＝新しい」「Cuisine＝料理」、新しい料理です。ただ、フランス語の単語で最初の文字が大文字になるということは、これは単に新しい料理ではなく、特定のスタイルの料理を指しているということになります。つまり、ひとつの歴史上の時代を表す言葉として使われているのです。

具体的には、それは１９７０年代、ガイドブックのゴ・エ・ミヨ創設者の１人であるアンリ・ゴが、シェフのポール・ボキューズやアラン・シャペルたちが取り組んでいた料理を指して呼びました。だから、そのスタイルを継承しているシェフは現在もいますが、少なくともここ数年の間に生まれた新しい料理を「ヌーベル・

キュイジーヌ」とはいいません。

もちろん、フランス語で話すときに、小文字の「nouvelle cuisine＝新しい料理」という表現を料理に使うかどうかは完全に個人の主観ですし、自由です。また、フランス料理の歴史においても、今の世代の料理と異なる新しい料理を「ヌーベル・キュイジーヌ」と呼んだことは18世紀以来何度もあります。ただ、日本語の文脈において、単に新しい料理を「ヌーベル・キュイジーヌ」と呼ぶのは間違いです。

同じように気をつけたいのが、ヌーベルシノワという表現です。そもそも日本以外で聞いたことがない表現なので調べてみたのですが、1980年代に香港で「凱悦軒」というレストランのシェフが生み出し、90年代に中国と日本で流行したそうです。確かにそのシェフが新しいスタイルの料理を生み出したものかもしれませんが、それは香港でヌーベルシノワと呼ばれていたのでしょうか。少なくとも、今はネットを検索してもnouvelle chinoisという表現が中華圏で使われていた痕跡は見つかりません。そもそも文法的に間違っていて、nouvelleであればchinoise、かつそれだと名詞がないのでnouvelle cuisine chinoiseとなるはずです。日本で流行ったヌーベルシノワという料理スタイル自体を否定するということではなく、この表現は海外では通用しない、ということは知っておいたほうがよいと思います。

ちなみに、同じ類の間違いでいうと、テレビドラマでも有名になったグランメゾンという表現。これも「grand maison」だと文法的に間違っていて「grande maison＝グランド・メゾン」。ただグランド・メゾンは大きい家、偉大な家という意味にしかなりませんし、日本でいうグランメゾンに当たる表現はフランス語にありません。僕も日本のフランス料理店でグランメゾンという言葉にふさわしい店にはその表現を使いますが、海外では誤解を招いてしまいます。

だまされないための白トリュフの教養

白トリュフといえば、イタリアのピエモンテ州アルバが有名です。僕は10年以上前から、季節に合わせてアルバに毎年のように食べに行っています。日本でも、イタリア料理の店だけでなく、高級なレストランでは幅広く使われるようになりました。ただ、日本では白トリュフに関する間違った知識が流通しています。

第4章

美食家なら知っておきたい グルメ新常識

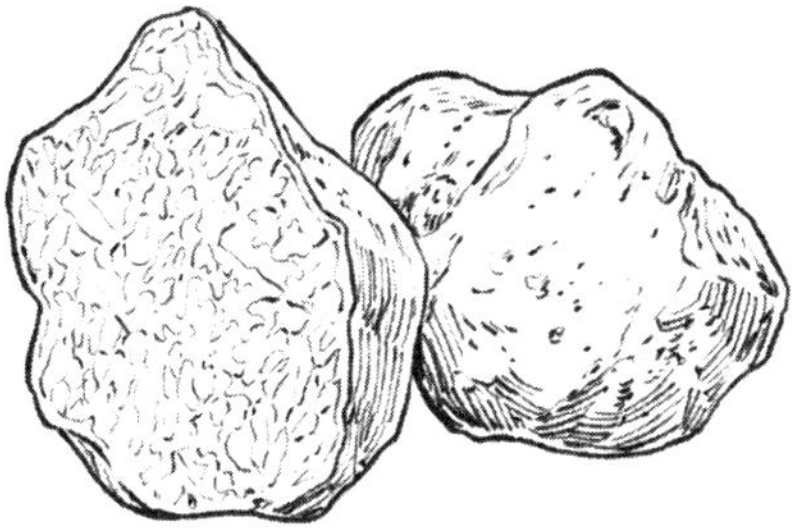

間違った情報が喧伝されている白トリュフ

これは、日本人唯一のピエモンテ州公認トリュフハンターである富松恒臣さんに教わったことなんですが、アルバ産白トリュフ、という表現自体が高い確率で間違いです。白トリュフは森の中で採れるのですが、行ったことがある方はご存じの通り、アルバは街なので森がほとんどありません。アルバでは採れたとしても週に1〜2個程度で、日本に出回る確率は限りなく小さい。だから、アルバ産トリュフというのはまず間違いであるといっていい。しかしながら、これがややこしいのですが、アルバの白トリュフ、と呼べばそれは間違いではなくなります。

どういうことか。まず、アルバが産

地でないことはほぼ確実なので、アルバで採れた、という表現をしている業者やレストランはまず間違っています。ただ現在のイタリアの法律で、イタリア国内で採れた白トリュフは、tartufo bianco del Piemonteもしくはdi Albaもしくはdi Acqualagnaと呼んでいい、となっているのです。つまり、ピエモンテの白トリュフ、アルバの白トリュフ、アクアラーニャ（マルケ州）の白トリュフと呼ぶのは合法なのです。だとしたら、たとえマルケ州などで採れた白トリュフだとしても、di Albaと付けておいたほうが何も知らない客が喜ぶ、ということです。

富松さんは同じピエモンテ州のトリュフハンター仲間からしか買わないので、彼の白トリュフはピエモンテ州産、アルバ近郊産だといえます。ただ、大手の業者のほとんどはピエモンテ州以外でも白トリュフを仕入れていますし、業者によってはイタリア産ですらなく、クロアチア産やブルガリア産なども扱っています。ピエモンテ産と混ぜてしまえば、素人にはほぼわからなくなってしまいます。

過去、日本に白トリュフを輸入している業者の中には、ピエモンテ産が解禁になる前のタイミングで他の地域のトリュフをピエモンテ産、と銘打ってレストランに売りつける業者もありました。彼らに時には脅されたりしながらも、富松さんが啓蒙活動を行ったおかげで、極端に悪質な事例は減ってきているかと思います。

他にも、白トリュフは大きいものがいい、と喧伝しているお店があります。大きいもののほうが小さいものより香りが強い、ということかと思いますが、それは全くの嘘です。大きいものは立派に見え、数が少ないという希少性があるだけで、だから味がよくなるわけではない。小さくても鮮度が良ければ香り高いのです。

イタリアで白トリュフを扱う有名店に聞いたら、率直に教えてくれます。大きいものは大人数が集まるパーティーやお祝いなどで縁起が良いから重宝されるのであって、風味は関係ない、と。縁起物で大きいもののほうがグラムあたりの単価が高かったりするので、お店が何も知らない客に高いものを売りつけたいだけなのではないか、と勘ぐってしまったりします。

また、トリュフは芯の部分がおいしい、などという人もいるようですが、これも全くの嘘です。本当に芯のほうが香りが強いとしたら、それは鮮度が落ちた古いトリュフで、表面に近い部分から水分が飛んでしまっているからです。芯まで掘っていかないと、香りが残っていないのです。芯の部分がおいしい、というのは、自分たちのトリュフは古いと白状しているようなものです。

白トリュフに関して、最も大事なのは鮮度です。日本の松茸も同様で、鮮度が悪いと香りも味もとても残念な状態になってしまうのは、想像いただけるはずです。富松さんが白トリュフを日本に輸出するときには、自らトリュフをミラノの空港まで運んでいます。また、提携している卸が検疫後に東京の空港までトリュフを取りに行っています。とにかく鮮度に気をつけて、最短時間で持ってきて3〜4日後くらいにはレストランで食べられるようにしています。

しかし、残念なことに多くの店では、鮮度の良くない白トリュフを使っています。特に、お客さんの回転が悪い店だと、1週間以上経っていることもあります。こうなると、高い価格を払う価値はありません。また、お店側も使いこなせないのなら、白トリュフを仕入れなければいいと思います。実際、白トリュフの季節にイタリアを食べ歩いていると、産地の店でも白トリュフが出てこないことはよくあります。

僕の記憶が正しければ、1998年頃のパリでは、高級レストランの白トリュフ尽くしのコースが4万円ほどでした。今振り返れば激安といっていいくらい安かったし、今ではこの3倍でも済まないかもしれません。僕がピエモンテを訪れるようになってからでも、価格は上昇し続けています。僕の記録によると、アルバ唯一の三つ星レストラン「ピアッツァ・ドゥオーモ（Piazza Duomo）」のトリュフの単価は、2014年には1g当たり6・5ユーロ。それが、2023年は1g当たり14ユーロでした。今後も価格が下がる要素は見当たらず、ますます幻の食材になりそうです。

海外で大人気のWAGYUと迫りくる危機

日本が世界に誇る食材に和牛があることは、多くの方がご存じだと思います。「黒毛和種」「褐毛和種」「日本短角種」「無角和種」とある中で、海外の牛肉にない特性を持っている「黒毛和種」が主に海外に輸出され、人気を博しています。

海外のレストランに行くと、メニューに「WAGYU」という文字を見かけることも珍しくなくなりました。ただ、このWAGYUは、日本産でないことが少なくありません。黒毛和種の血統を海外に持っていって、現地の牛、アメリカならたとえばアンガス種と交配させたものです。つまり、この交雑牛（F1ともいいます）がWAGYUの大半を占めています。最近だとpurebloodと呼ばれるWAGYUもあり、一瞬純血かと勘違いしそうですが、これは黒毛和種と交雑牛をかけ合わせたもので

日本が世界に誇る
黒毛和牛

あり、100％黒毛和種の血統ではありません。

現地の牛と交配させているのは、数少ない純血のDNAから頭数を増やしていくのが難しかったという経緯があったかと思います。純血でないほうが大きく育つし、歩留まりがよくなるという経済的な理由も大きいでしょう。また、欧米人からしてみると、脂がのりつつ黒毛和種そのものよりも馴染みがある味わいなのかもしれません。結果的に、アメリカやオーストラリア産のWAGYUが世界を席巻しています。

一方、アメリカや一部のヨーロッパの高級レストランでは、日本の黒毛和種も見かけるようになりました。アメリカのテキサス州の田舎にあるステーキハウスに行ったら、メニューに日本産の鹿児島黒牛があり、アメリカ産のWAGYUと並んでいました。こんなところにまで日本の和牛が進出しているのかと、びっくりしたことがあります。もともとWAGYUはアンガス種などに比べると高いですが、日本産の黒毛和種となるとさらに桁違いの価格です。間違いなく、世界で一番高い牛肉ですが、それでも売れているのでしょう。

しかし、どんなものでもそうですが、受け入れてからまだ日が浅く、正しい理解が浸透していないときは、わかりやすさだけがひとり歩きして本質とはかけ離れた評価基準が幅を利かせがちです。具体的にいうと、和牛には、歩留まりと肉質を示す等級（A5など）とサシの入り方を示すBMS（ビーフ・マーブリング・スタンダード、12段階）がありますが、これが海外では絶対的な味の基準としてまかり通っているきらいがあります。

牛肉の等級もBMSも、ひとつの基準でしかありません。サシが入っている、脂がのっているという基準であって、おいしいかどうかの基準ではないのです。それなのに、世界のベストレストラン50で上位に入賞するような店ですら、BMS12

の牛肉が入荷した、というのを嬉しそうにインスタグラムにアップしていたりします。ひどい場合は等級とＢＭＳを混同して、うちが使っているのはＡ12だ、と間違って自慢していることもあります。さらに問題なのは、海外に輸出されている和牛は、国内で消費されるものに比べて必ずしもクオリティが高くない。それが消費国側のニーズだとしたら日本側の責任ではありませんが、いずれにしても、脂だけ多くて全く味がしない和牛が多いのです。

だから、世界中を食べ歩いているフーディーや日本に詳しい外国人シェフたちからは、和牛は好きじゃない、和牛は脂っぽすぎるという声が出始めています。今は良い商売になっているかもしれませんが、いずれこういった意見が一般のお客さんまで広まっていくとき、海外のレストランの間で、和牛を使うのをやめよう、という流れが強まる恐れがあります。生産者を含めて、危機感を持ったほうがいい状況だと僕は感じています。

では、どういう肉が良い和牛か。いろんな意見があるかと思いますが、僕が思う最高の和牛は、肉本来の風味が豊かでありつつも、雑味がなく、余韻が長い。サシは入っているが、細かいので見た目はピンク色ではなく濃い赤色に近い。そして、食べたあともたれない。こういう肉です。もちろん、こういう肉の等級やBMSが極端に低いということは現実的にありえませんが、必ずしもA5である必要はなく、A4のこともあります。BMSも10以下かもしれません。考えてみると当たり前のことですが、大事なのは味です。

ときどき行くお店に、神戸の「麤皮《あらがわ》」というステーキの老舗があります。僕は普通にステーキを食べることがあっても、和牛のサーロインは脂が多いので、あまり食べたいと思いません。ところが、ここのサーロインは脂っこくなく、肉の味が濃いので美味しく食べられます。こちらのお店は、市場を通さず相対で肉を仕入れているそうです。なぜこれが重要かというと、競りにかけるとなると見栄えが大事なので、生産者としても脂を蓄えさせたりサシを入れたりするように努力せざるを得ないからです。

日本各地で和牛が生産されていますが、最高峰の肉というのはごく一部です。そして、そういう肉もそれを扱う店も、どうしても高額になってしまいます。その現状を踏まえ、近年は交雑牛や乳牛でも技術でおいしくなるように育てる試みも見られます。牛肉の話になると止まらないのでこの辺にしますが、こうやって違ったベクトルでいいお肉を作り上げる試みも有意義だと思います。ピラミッドでいうと、その頂点を引き上げるのと同時に、ボリュームゾーンの質を改善していくのも重要だし、また別の価値観のピラミッドを作ることも両方大事だからです。

イタリア料理＝トマト、オリーブオイル、パスタだけではない

イタリアというと、パスタやピッツァで使われるトマトをイメージする人が少なくないかと思います。ただ、イタリア全土を食べ歩くとわかるのですが、トマトが料理に頻繁に登場するのはローマのあるラツィオ州やその東のアブルッツォ州より南、中でも南イタリアです。北部では、伝統料理にはほぼ使われていません。

1970年代以降、流通が整備されて北部にもトマトが流通するようになりました。珍しさもあって、トマトソースのパスタを出す店が一時期増えたそうです。ピエモンテ州在住の富松恒臣さんにいわせると、ピエモンテでトマトソースを出す店があれば、その当時の流行りを今でもやっていて、懐かしい、という印象になるそ

うです。一方、大量生産しやすいスパゲッティとトマトソースという組み合わせが、給食でも登場しています。ピエモンテの子どもたちがこれに慣れてしまい、内臓料理などに代表されるピエモンテの伝統料理を好まない、という現象が問題になっているようです。

オリーブオイルも、南北で分かれる食材です。日本ではイタリアといえばオリーブオイルという印象が強いかと思いますが、それは南部の話です。北部は、バターを使います。高級レストランに行くとバターとオリーブオイルが両方出てくることが多いですが、郷土料理に関していうと、明らかに異なります。

日本で北イタリアの伝統料理を提供するお店に対して、「イタリアンではなくフレンチだった」というレビューを食べログで見かけることがありますが、これは大概間違いです。バターを使っているからフレンチ、ではないのです。

北イタリアのバターは、フランス産に負けず劣らず素晴らしいです。中でも、burro di malgaと呼ばれる高地の山にある草原で育った牛のバターは感動的で、たとえばベルガモ郊外の山奥にある「コントラーダ・ブリッコーニ（Contrada Bricconi)」というレストランを訪れるときは、天然酵母パンと自家製バターがいつも楽しみです。

もうひとつ触れておきたいのが、パスタです。ざっくりいうと、スパゲッティなどの乾麺は主に南、詰め物をするような手打ちパスタは主に北、なんですが、例外もたくさんあります。地域によって多種多様なパスタが作られていて、それこそ50km移動したら違うパスタがあったり、同じパスタが違う名前で呼ばれていたりするので、すべてを把握するのは困難です。

その中で、多くの日本人が知らないであろう史実が、もともとパスタはイタリア中で食べられていたわけではなかった、ということです。その良い例が、日本人も多く訪れるフィレンツェ。伝統料理にこだわっているトラットリアに行くと、パスタはありません。あるのは、パッパ・アル・ポモドーロ（pappa al pomodoro）というトマトのパン粥のような料理だったり、ミネストラ（minestra）と呼ばれる野菜のスープ（といっても水分は野菜が吸っていてほぼありません）だったり。観光客も多く訪れる「チブレオ（Cibreo）」では、外国人客を念頭にラザニアだけメニューに載せているそうですが、いわゆるスパゲッティ的なものは一切ありません。いくら郷土料理に誇りを持っていても、パスタがないと外国人客ががっかりするだろうということで、今やフィレンツェのトラットリアの多くはパスタを提供していますが、これはあくまで伝統ではないのです。

日本人が知らないピッツァの進化

日本でイタリアのピッツァというと、ナポリ風ピッツァが真っ先に挙がるかと思います。また、フーディーであれば、数は少ないですがローマ風ピッツァのお店にも行ったことがあるかもしれません。この2つのジャンルは、当然イタリアにもあります。ただ、現在のイタリアは、事情が少し異なってきているのです。

まずひとつは、「ピッツァ・ア・デグスタツィオーネ（pizza a degustazione）」というジャンルの台頭です。英語だと、グルメピッツァと呼ばれることもあります。短いのでこちらの名前を使いますが、このグルメピッツァの中心となっているのは、ナポリでもなくローマでもなく北イタリアのヴェローナ。ここに、グルメピッツァを牽引する名店2軒、「イ・ティィッリ（I Tigli）」と「レナート・ボスコ・ピッツェリア（Renato Bosco Pizzeria）」があります。

グルメピッツァは何が特徴なのか。店によって若干違いますが、1つ目の特徴は、生地にこだわっている点です。カリカリだったり、もちもちだったり、天然酵母を加えたり、フォカッチャ生地もあったり、複数の生地を用意していることが多いです。また、グルテンフリーの選択肢がある店も増えてきました。

2つ目の特徴は、トッピングです。ピッツァに合わせる典型的なものやソース系だけでなく、料理として成立しそうな肉や魚もトッピングしたりします。また、トッピングをすべてのせて焼くのではなく、焼き上げた生地に生のものをのせることもあります。このスタイルはイタリアではひとつの独立したジャンルとして認識されていて、全国に広がっています。ただ、日本ではこのジャンルの店はまだ少なく、マンダリン・オリエンタル東京の「Pizza Bar on 38th」が最も近いかと思います。

もうひとつは、「ピッツァ・アル・ターリオ（pizza al taglio）」です。こちらは、切り売りのピッツァにさまざまなトッピングをのせて、スライスごとに販売するというものです。アメリカなどでは切り売りのピッツァは一般的ですが、それら安かろう悪かろうのものとは違い、こちらはグルメピッツァと共通するようなクリエイティブなトッピングが特徴です。このスタイルで有名なのは、ローマにある「ピッツァリウム・ボンチ（Pizzarium Bonci）」です。このジャンルも、日本ではまず見かけません。

続いて、ナポリ風ピッツァです。今のイタリアでは、多くの日本人のピッツァイオーロ（ピザ職人）が修業してきたような老舗だけでなく、新機軸の店が台頭しています。ナポリに2店舗ある「ノティツィア（Notizia）」というお店がその新しいナポリピッツァの開拓者として知られていますが、世界的に有名な店が2軒、カゼルタ周辺にあります。「ペペ・イン・グラーニ（Pepe in Grani）」と「イ・マサニエッリ（I Masanielli）」です。ペペは、ナポリピッツァのアイコンともいえるマルゲリータを再構築して、トマトとバジルをピュレ状のソースにして焼き上がったピッツァにのせました。また、生地が驚くほど軽く、もたれないのも特徴です。イ・マサニエッリは、生地を茹でて揚げてから焼くという三度の調理工程を経ることで、これ以上ないのではと思うくらいクリスピーな食感を実現しました。この2軒は、イタリアのピッツェリアランキングでも常に1位、2位を争う存在なので、新しいことをやり始めた店がある、という段階ではとっくになく、これが今やナポリ風ピッツアの主流なのです。

日本人は職人気質が多いからか、伝統に強いリスペクトを持っている人が多いように思います。よって、イタリアに修業に行くにしても、昔ながらの老舗を選ぶのかもしれません。ただ、超保守的なナポリのピッツァ業界も、ここ数年で大きく変わりました。今からイタリアにピッツァを学びに行く料理人は、すでに先人がたくさん学んできた伝統的なピッツェリアだけでなく、こういった新世代のピッツェリアにも勉強しに行くと面白いのではないかと思います。

パエリアはスペイン料理の定番なのか？

今でこそ日本では関西を中心にスペイン料理の店が増えましたが、それでもフランス料理やイタリア料理の店とは比べ物にならないくらい数が少ないのが現状です。そして、フランス料理やイタリア料理よりも知られておらず、誤解されているジャ

ンルだと思います。

スペイン料理というと、多くの人はパエリアを思い浮かべるのではないでしょうか。実際、日本にあるスペイン料理店のほとんどはパエリアを提供していますし、スペイン料理を食べに行ってパエリアがないと文句をいう人もいるようです。

ただ、パエリアはスペインを代表する国民的料理ではありません。「パエリア」はバレンシア州発祥の料理で、バレンシアを中心にその北のカタルーニャ州や南のムルシア州など周辺地域で食べられている、郷土料理です。その他の地方では、パエリアを売りにしている店か、もしくは外国人観光客に合わせて提供している店くらいしかありません。日本でいうところの、お好み焼きに近いかと思います。北海道や沖縄にもお好み焼きを出す店はありますが、地元の料理ではないし頻繁に食べに行くものでもありません。

もうひとつお好み焼きとの共通点としては、基本は専門店で食べる、というところです。割烹でお好み焼きが出てくることがないように、スペインの高級レストランでパエリアが出てくることは稀です（繰り返しますが、観光客目当ての店は別です）。バレンシア料理やカタルーニャ料理の店でないのにパエリアが出てきて、しかもパエリア専門店ではない高級レストランのコースの中に組み込まれている。ほとんどの日本のスペイン料理店はそういうスタイルかと思いますが、いかに本国とは違うかがおわかりいただけるかと思います。

ちなみに、日本でパエリアといえば、魚介を思い浮かべる人が多いと思いますが、もともとの発祥はウサギの肉とカタツムリを使ったものです。農民が農作業に出るとき、大きな鍋を一緒に持っていって、畑でランチに食べられる料理として生まれたものでした。

もっといえば、米料理はスペイン各地にあります。たくさんある米料理の中のひとつがパエリアなのです。イカスミを使ったパエリアのようなアロス・ネグロや、細くて短いパスタを米の代わりに用いたフィデウアという料理も有名です。バスクには、アサリのおじやのようなアロス・コン・アルメハスがあります。スペインの米料理の中で僕は一番好きなんですが、アサリの出汁を吸った米がおいしく、日本人の口にも合うと思います。

では、「スペイン料理＝パエリア」ではないとしたら、スペイン料理は何なのか。僕の中の定義は、風味を凝縮させた料理です。もともとの食材が持っている風味を熱を加えるなどして凝縮させるのが、スペイン料理の大きな特徴なのです。特に、バスク料理。汁気のあるもの、出汁的なものを煮詰めて味を濃くしていることが多い。その凝縮感やねっとりした食感こそがバスク料理の特徴です。

フランス料理でも粘度を変えたりしますが、粘度を高めることで、味わいを舌の上に長くとどまらせることができ、余韻が続く。これを、多くの料理でやっているのが、スペイン料理だと僕は解釈しています。

また、スペインは魚介に関して、ヨーロッパの中で最も理解が深い国だと思っています。魚の内臓やゼラチン質だけを取り出して重宝するのは、西洋広しといえどもスペイン人くらいではないでしょうか。皮も好んで食べるし、頭も焼いてほじって綺麗に食べる。アメリカ人だったら、目がついていて怖い、といわれるところです。魚介を味わい尽くすという点において、スペイン料理は特徴的だと思います。

サン・セバスティアンを訪れるなら「アサドール」へ

スペインといえば、バスク地方のサン・セバスティアンはもともと美食の街として世界的に有名でした。ここ10年ほどは、日本人にも広く知られるようになり、料理関係者以外の一般のフーディーも頻繁に訪れるようになっています。

サン・セバスティアンを訪れる人の目当ては、何といってもバルホッピング。カウンターに並んでいるものや、メニューを見て注文したものが少しずつ出てきて、チャコリという発泡酒を飲みながら数品食べたら、次の店に行く。何軒かハシゴして、いろんな料理を楽しむ。スペインを訪れる一番の理由は、バルが有名なサン・

セバスティアンでバルホッピングをすること、という人もいるくらいです。

バル巡りは確かに楽しいいし、店によってはピンチョスの範疇を超えた現代的料理を小皿で出す店もあります。ただ、バルはあくまでも気軽に立ち寄れる酒場兼小料理屋です。バルに行くだけでは、スペイン料理の魅力は半分も理解できません。

サン・セバスティアンはその周辺地域も含めてミシュラン三つ星や二つ星のレストランが集積していることでも知られています。これらの店で、スペインの最先端の現代的料理を楽しむ日本人もいるでしょうし、ありだと思います。

そのうえで、僕がおすすめしたいのが、アサドール巡りです。「アサドール」とは英語だとバーベキューのことで、肉や魚をシンプルに焼いて出す店のことです。バスクにはたくさんあるんですが、有名店だと、山のバスク（肉）の「カサ・フリアン（Casa Julian）」、海のバスク（魚介）の「エルカノ（ELKANO）」が挙げられます。この2軒は料理関係者には有名ですが、他にも素晴らしいアサドールがたくさんあります。たとえば、フランス国境近くにある「ライア・エレテギア（Laia Erretegia）」や、南に車で20分の「エペレタ・エレテギア（Epeleta Erretegia）」などです。

さらに、サン・セバスティアンから南に1時間行けば、パンプローナ郊外に「ビデア・ドス（Bidea2）」があります。ここは世界を食べ歩いているフーディーですらほぼ知らない、隠れた名店です。レンタカーを使わないとハードルは高いですが、田舎にこそバスクの良さがある、といっても過言ではないと思います。

あえて熱々にしない文化がある

フランス料理やイタリア料理の店に行ったら、料理が熱々じゃなかった、生ぬるかった、という批判のコメントを見かけることがあります。これは、お店側が意図していなかったミスである可能性もなくはないですが、ちゃんとしたレストランの場合、意図している温度なのです。フランス語で「なまあたたかい」「なまぬるい」という意味の単語「tiède」が料理本やメニューにも掲載されているくらいで、イタリア語だと「tiepido」となります。あえて熱々にしないで、なまあたたかくしているということです。

庶民的な料理は別として、高級フランス料理やイタリア料理に熱々のものはほとんどありません。なぜそうなのかについてはいろいろな説がありますが、フランス料理やイタリア料理は宮廷料理をルーツに持っています。広い敷地内の厨房とダイニングルームの距離が離れていたので、そもそも熱々で提供する文化が育たなかったといわれています。

そして、必ずしも歴史的な背景を踏襲しているというだけではなく、熱々よりも若干温度が下がったほうが風味をより感じられる、という側面もあると思います。熱すぎると、微妙な風味のニュアンスがわからないのです。だから、ある程度、温度が下がった状態で、あえて出す。ちゃんと合理性があるのです。

一方、中華料理の炒め物は、熱々で食べるべきものの筆頭です。それこそ、写真を撮るのも諦める場合もある。時間が経つと全く風味が落ちてしまうからです。熱々が大事な料理は、1分1秒を争う戦いになるのです。

いい客になるための美食講座 4

常連

通い続けることの大切さ

フーディー含め、国内外を食べ歩いている人の中には、新規開拓に勤しんでいる人も多いかと思います。かくいう僕自身、食事の半分以上が新規のお店です。ただ、定期的に通っているお店も何軒かあって、大事にしています。というのも、通い続けているお店が、自分にとってのホームグラウンドになり、他のお店を体験するうえでのひとつの物差しになるからです。

料理が毎回全く同じであれば、頻繁に通う必要はないかもしれません。でも、日本のほとんどのお店は、季節によって食材が大幅に変わります。だから、本来は季節ごとに年4回は訪問しないと、本当の意味でそのお店の料理がわかった、とはいえない。食材が強い時期もあれば、弱い時期もある。強い時期は、それをどう使いこなすか。弱い時期は、技術でどうカバーするか。それが、定点観測の醍醐味です。

料理人も人間なので、まるで神がかっているかのような料理を味わえる日もあれば、「あれ、どうしたんだろう」と感じるような日もあります。これは、日本を代表する最高峰の店でも同じです。鮨だったら、酢飯が上手くいかない日があったり、鮨種が厳しい日もある。割烹なら、出汁が上手く取れない日もある。フレンチだったら、火入れが上手くいかない日もある。

常連になるということは、そういう経験も含めて飲み込み、いいときも悪いときも応援し続ける、ということだと思います。もちろん、自腹を切って応援しているわけですから、「いいとき」がないお店に通う必要はないのはいうまでもありません。

また、通うことで、お店と一緒に成長する楽しみを味わえます。料理人は、独立してお店を出した瞬間に完成されるわけではなく、そこがピークでもありません。お金を取っているのに、と思う人もいるかもしれませんが、これは、他のクリエイティブのジャンルでも同じではないでしょうか。料理人が、経験豊富なお客さんに揉まれたり、自分なりに勉強を続けたりして、料理が変遷を遂げる。それが進化のこともあれば、迷うこともある。そこで、長年見守っている常連が、より良いと思う方向に導く。こうやって、レストラン文化は受け継がれてきました。これを、さらに次世代につなげる役割が、常連には期待されています。

適切な来店頻度を守る

これ、と思ったお店に出会ったとき、どれくらいの頻度で通うのかも大事です。好きなお店は、できるだけ頻繁に行きたいかもしれない。でも、お店によってはあまりに頻繁だと嬉しくない場合もあるのです。

カジュアルなアラカルトのお店は、問題ないことが多いでしょう。毎週のように訪れて、定番のものを頼みつつ、前の週にはなかったものを1皿、2皿、頼む。これはありだと思います。

では、高級割烹はどうか。お店にもよりますが、割烹は月単位で献立を変えることが多いようです。よって、同じ月に2回行くと、どうしても食材が被ってしまう。お店はできるだけ違う食材を使おうとしたり、同じ食材でも仕立てを替えたりしますが、どう楽しんでもらうか苦心することもあるかと思います。僕が「京味」に通っていたときは、基本月1回ペースだったんですが、海外を食べ歩いたりしていて1カ月飛ぶこともあれば、自分の予約と友人の予約で月に2回行くこともありました。そうすると、ご主人の西さんに「月に2回は来過ぎですよ」と半分冗談で叱られたものです。料理は全く同じで変えなくていい、と伝えても、何らかの形で変えてくれました。料理人とは、そういうものなのです。

東京を代表するあるフレンチの場合は、仲間内で2カ月に一度通っていたところ、「料理を充実させるために、3カ月に一度にしてもらえませんか」とシェフから提案され、変更したことがあります。その結果、実際、料理のクオリティは上がりました。

客の立場で心地よいペースがあるように、お店側にも心地よいペースがあります。創作に十分な時間をかけられるように配慮するのは、お店のためでもありますが、その結果としてよりよい料理が食べられれば、食べ手にとってもメリットがあります。また、頻繁に来るお客さんのためだけにメニューを変えるとなると、お弟子さんにも負担がかかります。昔はそれが当たり前だったんでしょうが、今の時代、働き方改革が唱えられている中で、あまり褒められたことではありません。

極端な話、毎日でも来てくださいというお店もあるかもしれないし、季節ごとがよいお店もあるかもしれない。直接聞いてみればいいと思います。そのお店が最もポテンシャルを発揮できる頻度で通う、これが理想です。

カッコ悪い常連客が陥る行動

常連になると、勘違いして、特別なことを要求し始める人がいます。自分を特別扱いさせ、それをSNSに喜んでアップしたりする。もっとカッコ悪いのは、その投稿を見て、「どうして自分にもやってくれないのか」と頼む別の常連です。本当にくだらないと思います。

東京のあるお店は、「もっとお金を出すから、自分だけにもっと高いスペシャルコースを作ってくれ」という常連のリクエストに答えて、どんどん価格がインフレしています。その常連は、その値段でやってもらっているのは自分だけだと、ソーシャルメディアで自慢する。そうすると、別の常連が嫉妬して、もっと高い値段のスペシャルコースをやってもらうよう頼む。お店は儲かるのでいいかもしれませんが、美食とは最も無縁の下品な世界の話です。

常連がやるべきは、料理人と一緒に成長することです。料理を定点観測して感想を伝えたり、料理人にとって勉強になるような課題を提案する。手前味噌ですが、7年前、僕は恵比寿「ペレグリーノ」の高橋隼人《はやと》シェフに、普段お店では出していないエミリア・ロマーニャ料理をやらないか、と提案したことがあります。日本で営業している以上、ほとんどのイタリアンは、日本人の口に合わせていて、現地そのままではありません。本場でせっかく習った料理でも、日本では出せないものもある。そういうものを久しぶりに作ってみないか、と投げかけてみたのです。すると、高橋シェフは快諾してくれ、「日本人の口に合わないかもしれない郷土料理の会」を開催することになりました。友人に声をかけるときは、口に合わないかもよ、と事前に断ったので、理解したうえで参加してくれました。実際食べてみると、郷土色が濃いものでも、皆さん楽しんでくれたようです。高橋シェフからも、普段の営業で使えるものもあるかもしれない、との感想をもらえたので、提案してみてよかったと思います。

次にアプローチをしたのが、ブリアンツァグループを統括する奥野義幸シェフ。奥野シェフが修業したリグーリア地方の伝統的郷土料理を、日本人の味覚に合わせて調整せずに作ってもらいました。ジャガイモや小麦粉を多用した素朴な家庭料理は、まさにクチーナ・ポーヴェラ（質素な食材を使った料理）の真骨頂。異国の郷土料理にもかかわらず、懐かしいと感じました。

今後、僕が提案したいお題があります。それは、日本の郷土料理です。地方の文脈でお話ししましたが、郷土料理はその多くが廃れつつあります。現代人が食べて美味しいと思えるものでない、というのが大きな要因なので、それを料理人の技術で美味しくしてもらう。つまり、郷土料理の根幹となる魂は維持しつつも、現代の味覚に合うようにブラッシュアップして、新たな食文化として受け継いでいく。興味がある料理人は、是非立候補してもらいたいものです。

こうやって、僕が意義があると思っている会は今後もまた久しぶりにやりたいと思っていますが、こんなことに興味がない料理人に押し付けても迷惑なだけです。あくまで、やりたいと共鳴して、楽しんでくれる料理人だから、成り立つ。そうやって、お互い成長できる関係性を僕も作っていきたいのです。

フィードバックは人間関係ができてから

レストランと料理人が成長するうえで、お客さんからのフィードバックは重要だと思います。たとえ有名店、予約困難店になっても、能力がある料理人ほど謙虚で、聞く耳があり、意見を糧としてさらに成長していきます。

ただ、すべての料理人がそうではありません。自分の料理に完全に満足しているので、お客さんに自分の考えと異なる意見をいわれると、腹を立てる。逆に、自分の料理に自信がないことを悟られたくなくて虚勢を張っているから、異論を許さない。少しでも気になることをいわれると、逆上して出禁にする。そういう人もいます。また、金儲けでやっているので、料理についてとやかくいわずに楽しんでたくさん飲んでお金を落としてくれるお客さんだけでいい、という店もあります。今挙げたようなお店に通う価値があるかどうかは別として、世の中（といっても日本くらいですが）にはいろんなお店があるものです。

僕は、フィードバックを返すのは、ある程度、人間関係ができてからだと思っています。まだ人間関係ができていない料理人に対しては、よほどしつこく聞かれない限りは、意見はいわないようにしています。それは、一度や二度の訪問ですべてを理解するのは不可能だし、仮に僕が的確な指摘をしたとしても、それを受け入れられる度量が料理人にないと気まずくなるだけだからです。

また、適切なフィードバックを返すのは、簡単ではありません。自分なりに考えをまとめて、料理人の気持ちも考え、キャリアの中で今どういうステージにあるかも勘案して、伝えるべきフィードバックを返す。これは、ほぼ仕事です。料理人に対して応援したいという気持ちが芽生えていなければ、なぜお金を払って食べに来ているのにそこまでしなければならないのか、という話です。

感想を伝えるとしても、他のお客さんがいる間は話しません。そのお客さんは満足したかもしれず、その食後感を台無しにしたくないからです。

初めて金沢の「片折《かたおり》」に行ったときは、根負けしました。食べ終わったあと、真剣な顔で、意見を求められたのです。最初は、「良かったですよ」くらいに軽く返して帰ろうとしたんですが、店主の片折卓矢さんは納得せず、「本当にお願いします」と繰り返し、ちゃんと話さないと帰してくれないくらいの勢いで意見を求められました。真摯な思いが伝わったので、僕も腹をくくって話し始めると、大将だけでなく、料理人全員が調理場から出てきてカウンターの前に並ぶのです。このときは、初対面でしたが、1時間ほど話をしました。そして、また「確認しに来てください」といわれたので、数カ月後に訪れると、さらに素晴らしい料理になっていました。

強調しておきますが、僕のフィードバックを反映したから良い、ということではありません。大事なのは、意見を取り入れるにせよ取り入れないにせよ、その理由を明確に説明できるか、なのです。料理にひとつの正解はないのだから、「浜田さんは○○とおっしゃいましたが、私は○○という理由でやっているので、変えずにやり続けます」だとしても、その理由に説得力があれば、それいいのです。

第5章

美食を生み出す
一流料理人の仕事

一流レストランと料理人に共通すること

僕は、世界を代表するレストランを過去30年以上かけて食べ歩いてきました。その中で、お客さんに愛され、長く続いていて、かつガストロノミーとしての伝統文化や創造性を体現しているお店や料理人に、なんとなく共通しているところがある、と感じるようになりました。

まず1つ目は、自分の料理がどういう料理か、定義できている、ということです。わかりやすいのが、地元の食材を使っています、だったり、薪を使って調理します、などです。ただ、どういう料理です、というのは一言では表しづらいこともある。逆にわかりやすいのが、「何をやらないか」。つまり、使わない食材や調理法などを定義できている、ということです。これはどんなクリエイティブの分野にも共通していると思いますが、自分自身のオリジナリティは、やらないことという縛りを設けることでより明確になる。なんでもやります、では、逆に軸がなくなってしまって、迷ってしまう。お客さんも、何を期待していいのかわからない。極端なたとえだと、調性のない音楽。調性という縛りがあるから理解できるわけで、無調だと聴く人のリテラシーが異常に高くないと楽しめない。

これは、料理以外の要素にも共通します。美味しくてリピートする店もあれば、美味しいのになぜか足が遠のく店もある。その大きな理由は、利用シーンが明確かどうか、が挙げられます。たとえば、パイ包みが食べたいからそれを得意とするシェフの店に行く。〇〇シェフの肉の火入れがすごいから行く。料理以外だと、大事な会食には人目に触れない個室がある〇〇。デートなら、ゆっくり話せる〇〇。利用シーンがぱっと浮かばない店は、特に悪いところがなくても、自然と足が遠のくのです。特に東京のようにレストランが無数ある市場においては、万人に受けようとすると、結果的に誰からも選ばれない店になるリスクがあります。だから、「何をやらないか」と同時に、「どういう人には来てもらわなくていいか」を決めるのも重要だと思います。

2つ目は、自信があること。自信があるというと、自信家、という言葉に表されるように、自信過剰な意味に使われがちです。ただ、僕が思う意味としては、過信せず過小評価もせず、等身大の自分を理解している。だから、自分を実際より大きく、よく見せようと思わないし、理解してもらえなかったらしょうがないと思えている。たとえば、京都の「緒方」は日本を代表する割烹ですが、覚悟と胆力を感じる料理を提供しています。あるときいただいた玉ねぎのお椀は、玉ねぎの輪切りと出汁のみ。これ以上にシンプルな椀物があるのか、というくらいに研ぎ澄まされています。自信がなければ、とても出せない一品だと思います。

逆に、自信がない料理人はどうなるか。とりあえず多めに食材を盛り込みがちです。どの食材も決め手があると思えない、自信がないから、「とりあえず」複数盛り込む。なんなら、高級食材をてんこ盛りにする。どれかがお客さんにハマってくれればいい、という願いを込めて。そして、コース全体でも、品数が増えがちです。つまり、この皿で勝負する、という自信がないから、「とりあえず」皿数を増やす。またしても、どれかがお客さんにハマってくれればいい、という願いを込めて。

この自信のなさは、お客さんに伝わります。たとえば、駆け出しのセールスパーソンがお客さんに営業をかけるとき、言葉数が多くなってしまい、怪しく聞こえてしまう。異性を口説くときに、次から次へと話を繰り広げたことで、焦りが伝わってしまう。どちらも、自信がある人なら一言で刺さるでしょう（僕ができるかどうかは別です)。

料理の場合、結局は、自分の道を突き詰めるしかない。これ以上できないというところまで突き詰めたら、良い意味で諦めがついて、自信がある(等身大の自分を受け入れている)状態に行き着く。長い時間はかかるかもしれませんが、一流の料理人はここにたどり着いていると思います。

3つ目は、常に進化している、ということです。進化というと、イノベーティブ料理など新しいものを追求しているお店に関する話かと思われるかもしれませんが、必ずしもそうではありません。伝統を守り受け継いでいるお店でも、一流のお店は進化を続けているのです。

なぜなら、お客さんの好みが、時代とともに変わっていくからです。これは、お客さんの層が若返るので、若い世代のお客さんに合わせる必要がある、という意味だけではありません。老舗の名店は、昔から通ってくれる常連さんに美味しいと言い続けてもらうためにも、レシピを微修正し続けていることが多いのです。常連さんは、お店と一緒に歳を重ねます。そうすると、加齢とともに味覚が変わっていく。他のお店にも食べに行くだろうから、その影響も受ける。そしてその間に食材も変わる。それにもかかわらず、全く同じレシピのままだと、味が落ちた、といわれることさえあるのです。

イタリアで長年ミシュラン三つ星を維持する「ダル・ペスカトーレ（Dal Pescatore）」は、伝統料理で知られています。シェフと話したときに、料理によってはバターの使用量を昔に比べて半分にしている、といっていました。それでも、昔から通っている人は、「ダル・ペスカトーレ」の料理を食べて、良い意味で昔ながらの味だ、と評価します。伝統を守るというのは、停止するということではなく、進化し続けることなのです。

4つ目は、やりたいことと求められることのバランスが取れている、というところです。お金儲けのためと割りきっている人は別として、ほとんどの料理人にはやりたいことがあるかと思います。よって、シェフが自分のやりたい料理を提供し、それでお客さんが集まるレストランが、理想的です。しかし、現実的には、そんな理想を実現できているお店は世界でも数少ない。

そもそも世界中のほとんどの国では、レストランはお客さんが求める料理を提供することしか期待されていません。シェフが少しでも自分のやりたいことを入れ込む余地があるのは、ごく少数のレストランのみです。日本は、比較的恵まれた状況にありますが、それでもシェフが自由にクリエイティビティを発揮できるとなると、東京の一部のレストランぐらいでしょう。それ以外のお店は、まずはお客さんが喜ぶ料理を提供する、ということが最重要となります。なぜなら、身も蓋もないいい方になりますが、レストランは商売だからです。収支が合わなくなってしまったら、営業を続けられないので、売上と利益を上げることが最低限の存続の条件となるのです。

日々の営業の中で生活の糧を得ながら、少しずつでもやりたいことを入れ込んでいく。このプロセスは、簡単ではありません。時には10年、20年、あるいはそれ以上の時間をかけて、自分の理想に近づいていくお店もあります。たとえば、イタリアの「リストランテ・ウリアッシ（Ristorante Uliassi）」。後で詳しく解説しますが、30年前にトマトソースのパスタを出すような庶民的なカフェから始めて、今や世界のベストレストラン50にランクインしたり、ミシュラン三つ星の栄誉を得たりする名店となりました。シェフ曰く、少しずつ時間をかけて、やりたいことに近づけていったそうです。

そして、日本でいえば「オトワレストラン」。音羽和紀シェフは、1981年から栃木でフランス料理店を営み、2007年に「オトワレストラン」を開店、今は息子さんの世代にバトンタッチしました。シェフと話したときに感銘を受けたのが、レストランとして三代で完成させるつもりだった、という言葉です。つまり、自分の代で理想のレストランになるのは難しいから、子がそのバトンを受け継いで、孫の代で完成させる、ということです。自分の人生を超えた時間軸で物事を考えられる人は、そういません。想像を絶する根気強さと、長期的なビジョンがあるからこそ、そもそも美食という意味では不毛の地（失礼）だった宇都宮の郊外でやってこれたのだと思います。普通だったら、1～2年で心が折れている。でも、当時の地元のお客さんでも払いたいと思える価格でできる限りの料理を提供したり、ウェディングをやったりして、なんとかバトンをつないだ。そして、三代経たずとも、今の二代目で、ガストロノミーを追求する店としての「オトワレストラン」が開花しつつあるのです。

「京味」が教えてくれた価値観

世界には素敵なお店がたくさんありますが、中には何度も行きたくなる店、通いたくなるお店もあります。どういうお店にまた行きたくなるのか自己分析してみると、シェフに興味を持つことが多いように思います。

美味しかった料理をまた食べたい、と思うこともありますが、どちらかというと、違う季節の食材でどんな料理を作るんだろう、とか、違う引き出しも見てみたい、と思うことが多い。

若い料理人の場合、今の料理が最高峰でなくても、さらにもっといいものを生み出せるのではないか、というポテンシャルが垣間見えることがあります。このシェフを追いかけたら、もっと成長して面白くなるのではないか、その進化を見届けたいと思わせてくれるとき、また行きたくなります。

特に海外の場合は、アーティスト性の強いシェフが多いので、アイデアやコンセプトはすごくユニークなのだけれど、実際の皿の上の完成度はまだまだ荒削りだったりすることがあります。ただ、考え方に光るものがあれば、技術的なところが改善される可能性は十分にあるので、定点観測したくなるのです。

僕が日本で最も長く通ったお店のひとつに、京料理の名店「京味《きょうあじ》」があります。6年以上、月1回のペースで通っていました。僕の日本料理の原体験になっているのが「京味」なのですが、その魅力は、西健一郎さんという料理人にありました。

僕が思うに、京料理のお店がたくさんある中で、「京味」の位置づけは少し違っていました。京都の料亭の流れをくむ華やかな料理というよりは、京都の家庭料理が根っこにある。西さんの口からは、京丹後の話がよく出てきたのですが、そういう郷土色の強い料理をファインダイニングに昇華させている。様式美を意識した料理というより、きちんと美味しいと思える料理。誤解を恐れずにいえば、最高峰のうまいもの屋さんでした。

春は山菜に筍に鳥貝、秋は丹波の松茸、冬は津居山のカニ。日本で最高峰の食材を仕入れていました。松茸は、丹波産以外は松茸じゃなくてキノコ、といつもおっしゃっていたのが懐かしい。その当時、カニは今ほど高くなかったので、飛び抜け

芋茎（根芋）の吉野煮

て高いというと松茸の時期くらいでした。

ただ、京味の素晴らしさは、こういう高級食材以外にあったと僕は思っています。1月の白味噌の雑煮、冬の時期の海老芋、通年ある締めの鮭ハラスご飯。強い食材がない月ほど、お父さんの西音松さんから受け継いだ昔のレシピを久しぶりに再現してくれたり、即興的に焼き飯や親子丼を作ってくれたり、何を作ってくれるんだろうと逆に楽しみにしていました。ちなみに、親子丼は、近所の焼鳥屋さんにお弟子さんが走って鶏肉をもらってきて作ってくれたものでした。

その中でも、記憶に残っているのが、

名物の芋茎（季節によっては根芋）の吉野煮です。決して高価な食材ではない芋茎を使い、あく抜きなど手間をかけて大切に作られた逸品。「京味」のお弟子さんたちが、この伝統を今も守り続けています。また、茄子のへた（うてな）を使った料理など、通常捨てられる部位を料理人の技術によって立派な料理に仕立て上げていたのも印象的です。

料理以外では、見えなくなるまで外でお辞儀して、手を振ってお見送りする、というのも西さんがやっていて日本中に広まった習慣だと思います。西さんの語録を語り始めたらきりがありませんが、いつも、もう一度来てもらいたいと思って料理をしている、とおっしゃっていました。

美味しくても、いい料理だなと思っても、なぜか足が遠のく店もあります。人間的な相性もあるのかもしれません。いずれにしても、一緒に年を重ねて、一生付き合える料理人と出会えると、人生はより豊かになるのではないかと思います。

作り手と食べ手の情報格差を埋める

料理人の仕事を論ずるうえで、僕が常々思っていることがあります。それは、食べ手と作り手の間には圧倒的な情報の非対称性がある、ということです。

ほとんどの料理人は、新しい料理の開発に時間と労力をかけています。場合によっては、文献を調べたり、生産者と対話したりしてヒントを得る。西洋料理なら、数多くの構成要素がある中で、主となる食材と付け合わせのバランスも考えながら、それぞれをどう調理するか、どう味付けするか、どう盛り付けるか、落とし込んでいく。そして、イノベーティブな料理だったら、シェフが伝えたいメッセージやストーリーをどう表現するかも考える。海外のレストランの場合、開発担当のシェフが専任でいることもあるし、複数人がチームで担当することもあるくらい、重要なプロセスです。

しかし、食べ手は、出てきた料理を1～2分、短いと1分もかからずに食べてしまう。アミューズなら一口で数秒かもしれない。作り手がかけてきた時間からしたら、一瞬です。作り手が何度もその料理と向き合ってきたのに対し、食べ手は一期一会。これで、作り手がその料理に込めた思いや考え、そしてそれを形にするために費やした労力と時間を食べ手がどれだけ理解できているかというと、僕はほぼできていないと思っているのです。

だから、食べ手としては、常に謙虚でいたいと思っています。料理人が込めた意図の一部しか理解できていないかもしれないことを、心に留めておくべきだと思うのです。

一方で作り手も、食べ手との情報格差を意識して料理を作ったほうがいいと思っています。どれだけ料理を考えに考え抜いたとしても、食べ手には下手すると1割も伝わっていない可能性がある、ということです。

最近、薪焼きを名物にしているレストランが増えています。ただ、フランス料理をちゃんと勉強してきたシェフほど、燻香をつけることをためらう。つけすぎて、食材の持ち味が消え、燻香の印象しか残らなくなるのではないかと危惧しているんだと思います。また、料理の印象が単調にならないように、コースに薪焼き以外の料理も織り交ぜる。料理人の感覚としては非常に理解できるのですが、お客さんはそれでどう感じるか。せっかく薪焼きを食べに来たのに、薪を使う料理が少ない。使っている料理も、香りが強くないから薪を使う意味が感じられない。こうなる可能性があります。食べ手は、毎日薪焼きを食べるわけではない。なので、薪焼きのレストランに行くときくらいは薪の香りを満喫したいし、薪の香りをまとった料理が続いても問題ない。そう感じるお客さんが、大半だと思います。後で触れる、薪焼きを世界に広めた「アサドール・エチェバリ（Asador Etxebarri）」は、薪の香りを生かした料理が続きます。圧倒的大多数のお客さんはそれで満足していて、世界有数のレストランとして知られています。料理のトレーニングを受けたことがないシェフだからこそ、生まれた料理かもしれません。

食べ手は1割も理解できていない、という前提のもとに作られた料理と、9割伝わっているはずだと思っている料理とは、全く違うものになります。優れた料理人は、作り手と食べ手の情報の非対称性を踏まえたうえで、お客さんに伝わる料理を作っている。そんな印象を僕は持っています。

食べ手に伝わる料理をする、というのが大前提として、作り手との間にある情報格差を埋める方法は、説明です。料理の背後にある思考やストーリー、技術を説明することで、食べ手としてはより深く理解できることになります。うまければいい、能書きは聞きたくないというお客さんには通用しませんが、知的好奇心がある食べ手であれば、有効だと思います。

少し毛色の違う話ですが、作り手と食べ手の情報格差という意味で、もうひとつ興味深い現象があります。それは、料理人が自分の料理に飽きてしまって、料理を変える。でも、お客さんはもともとの料理を食べたかった、というケースです。

たとえば、地方の料理人から、地元の食材に飽きたので、その地方の外の食材にも取り組んでみたい、という話を聞くことがあります。確かに、毎日似たような食材を触っていると、マンネリ化してしまうこともあるでしょう。お客さんも同じくその地方の人で、外の食材を珍しいと思える人ならいいんですが、東京などからわざわざその地方ならではの食材を使った料理を食べに来ているとしたら、がっかりする可能性があります。音楽でいうと、自分のヒット曲を演奏し尽くして飽きたミュージシャンが、ライブでヒット曲をやらずに他の曲目をやる。たまにあることですし、そう思う気持ちもわからなくもありません。ただ、料理人にとっては何百回、何千回作った料理だとしても、お客さんにとっては初めてかもしれない。作り手は飽きていても、食べ手は新鮮に感じているかもしれない。このギャップを踏まえて、それでも自分がやりたいことをやる、というのもひとつの生き方ですが、お客さんを楽しませることにモチベーションを感じたり、一見同じ食材の中にも日によって違いを見出して新鮮さを失わずにいたり、自ら能動的に地元の食材を発掘したりできるのが、一流料理人だと思います。

技術を味わえるのがプロ

軽井沢のイタリアンの名店「フォリオリーナ・デッラ・ポルタ・フォルトゥーナ(Fogliolina della Porta Fortuna)」の小林幸司シェフから、こんな言葉を聞いたことがあります。

「シェフは加工業である」

まさに、その通りだと思いました。料理人は、加工することで付加価値をつける仕事なのです。

僕は、レストランに食材を食べに行っているわけではありません。もちろんいい食材、旬の食材は大事ですし、いい食材を持ってこられる仕入れ力も大事。しかし、最終的には、それをどう調理するか、というところが最も大事です。だって、同じ生産者から食材を自分で調達して家で調理しても変わらないのであれば、レストランで食べる意味がなくなる。料理人の存在意義がなくなるからです。

その意味でいうと、僕が最もナンセンスだと思うのは、食材の原価率が高いことを自慢するお店です。原価率が高い、イコール、加工賃が低いといっているようなものだからです。それは全く自慢すべきことではない。原価はあったうえで、自分の加工賃をしっかり取れる人が本当の料理人だと思っています。

小林シェフの料理は、主にイタリアの食材を使います。日本で育てられたイタリア食材もあるけれど、基本は輸入食材です。軽井沢という地方に居を構えているのに、ある意味地産地消とは真逆のアプローチ。僕は原則、地産地消、その土地ならではのストーリーを感じる料理を好みますが、小林シェフの料理は、数少ない例外です。僕はイタリアに年に2～3回行きますが、小林シェフの料理からは濃厚なイタリアの香りがする。かつ、誰にも似ていないオリジナリティがある。なんなら、イタリアのシェフたちに食べてほしい、と思うくらいです。食材だけなら、イタリアのものはイタリアで食べたほうが鮮度もよいだろうし、より良いものが調達できる可能性が高い。ただ、圧倒的な加工のアイデアと技術で、小林シェフはそのハンディキャップを軽々とのり越えているのです。

美食という意味で、扱いが難しい食材はどうか。大好きな方がいらっしゃったら申し訳ないのですが、僕は生のサーモンの握りを評価していません。回転寿司では人気のサーモンですが、高級鮨店ではまず見かけない。あるとすれば、鮭児《けいじ》や時鮭くらい。なぜかというと、普通のサーモンは、脂が強すぎるからです。また、風味も単調で強く、雑味も多い。握りのコースの中でサーモンを出すと、そこでバランスが崩れ、脂の余韻が、続く握りを邪魔する。焼くと美味しく食べられますが、生では厳しい。大っぴらにはしませんが、高級な鮨屋の職人さんに聞くと、大体皆さんそういいます。

ただ、白身魚などと比べるとわかりやすい味なので、外国人には人気です。マグロと並んで、いや場合によってはマグロを超えて一番人気かもしれません。以前、ダンスミュージックのイベント「ウルトラ・ミュージック・フェスティバル」のアーティスト向けのケータリングをオーガナイズしたのですが、日本を代表する鮨屋3店舗に日替わりで来てもらいました。世界的な外国人ＤＪやセレブがゲストということで、サーモンを用意してもらわざるを得ませんでした。

どのお店の職人さんも、サーモンを握るのは初めてでした。ただ、それぞれ工夫を凝らし、湯引きしたり、漬けにしたり、炙ってみたり、複数の工程を組み合わせているお店もありました。その結果、脂や風味の強さが緩和され、鮨ネタとしてちゃんと成立した。普段の営業で出てきたとしても、全く違和感を感じないくらいの出来でした。鮨ネタとして認められていない魚介はたくさんありますが、同様に手をかければ使えるものも増えるかもしれない。加工業という言葉から一番遠いイメージの鮨ですら、職人の技術で付加価値をつけることができるのです。

鮨でいう技術は、ネタの仕込みだけではありません。酢飯とネタを合わせて鮨という別物に変身させる、ここにも技術が必要なことは、すでに解説した通りです。

そして、この技術を鮨職人が身につけるうえで大事なのが、反復練習です。

「鮨さいとう」の齋藤孝司さんがおっしゃっていましたが、「鮨久兵衛」にいたときに、宴会など大人数のお客さんが集まる場所で1日に何百貫も握った経験が、生きているそうです。これは野球のバッターも同じだし、どんなジャンルにも共通していると思いますが、ひたすら反復練習することで、技術が身体に染み込んでいく。気づいたら、型ができていて、身体が勝手に動いて、無意識で握れるようになる。そうすると、たとえどれだけ緊張する状況でも、全くぶれない。普段と同じように握れるようになるのです。

残念ながら、この逆のパターンも何軒も見てきました。ミシュラン三つ星の評価を得ている鮨屋2軒で、緊張して手が震えていたり、握りが硬くなっていたりしたことがあります。どちらもそれから数年経っているので今はそんなことはないでしょうが、型ができていなかった、ということだと思います。

高級鮨店でしか働いたことがないと、大量に握るという経験がないまま独立することになる可能性が高い。型ができるまで経験を積む、これも技術を本当に自分のものにするうえで、大事だと思います。

料理人が絶大な信頼を置く魚介とは？

料理人ではありませんが、一流の仕事という意味で紹介したい人がいます。静岡の魚介の仲卸「サスエ前田魚店」の前田尚毅《なおき》さんです。

扱っているのは、焼津あたりの駿河湾で取れる金目鯛、太刀魚、甘鯛、鰺、鯖などの魚介です。僕が衝撃を受けたのが、鰺。地元焼津の人気割烹「温石《おんじゃく》」で食べたのですが、前田さんの鰺は、全く青魚特有の臭いがないのです。多分、目を瞑って口に入れたら、青魚とわからないかもしれない。それくらい澄んだ香りと味わいなのです。前田さんの鰺を食べて初めて、青魚の臭いは、劣化しているから出るものだとわかりました。

前田さんの扱う魚介が素晴らしいのには、理由があります。まず、八木真さんという漁師さんの協力を仰いでいます。通常、定置網に入った魚は、網ごと引き揚げられそのまま船内の生簀《いけす》に入れられ、陸に向かいます。そして、港では網を引き揚げて、中身をコンベアベルトの上に落とし、市場へと流していく。この時点で、たいてい魚介は死んでしまっています。しかし、前田さんは、定置網を海面近くまで引き揚げたとき、魚介に傷がつかないよう、漁師にタモですくってもらっているのです。だから港に着いても、まだ魚介は生きたままです。漁師は普通、こんな手間がかかることはやってくれない。職人肌の人が多いので、お金を余計に払うからといっても、自分がやってきたやり方をなかなか変えてくれない。

しかし、前田さんは八木さんを説得するため、八木さんが取った魚介を使っているお店に連れていったのです。通常の魚と、生きたまま港に届いた「游がせ」の魚がどう違うか、食べて実体験してもらった。その違いがわかったことで、やる価値がある、と八木さんは考えるようになったそうです。

他にも、市場で魚介を泳がせておく水槽や、セリ後の血抜き、神経締め、冷やしなど、すべてに気が配られています。そして、車で10分のお店に帰ると、地元の料理人たちが待ち構えています。セリが終わるのが、朝9時。そこから1時間半ほどかけて前田さんが市場で仕立てた魚介を、料理人たちがお店まで取りに来て、12時にはランチでお客さんに提供される。それぞれのプロが、自分の持ち場で最高の仕事をする。このバトンリレーが、静岡のレストランシーンを盛り上げているのです。

また、前田さんの仕事で特筆すべきは、料理人なら誰もが欲しがるような主役級の魚だけでなく、昔だったら下魚とされていたものだったり、地元でしか消費されない魚にも光を当てていることです。前田さんは、毎晩のように卸先のお店で勉強会を行い、どう調理すれば持ち味を一番生かすことができるのか、そして、そのためには魚の処理をどう変えるべきか、常に研究しています。料理人の技術だけでなく、卸の技術もかけ合わせることで、ありふれた食材や、付加価値が低いとされてきた食材を美味しくしているのです。

日本の野菜が生食に向かない理由

海外のシェフたちが日本にやってくると、「日本の食材はすごい」と口々にいいます。特に、魚介に関しては魚種の多さと状態の良さに驚くことが多いようです。しかし、どちらかというと反応が薄いのが、野菜ではないかと思います。日本の野菜は、風味が繊細でやさしい。それはよいことでもあるのですが、悪くいえば、味が薄い。これが、多くの海外のシェフたちのコンセンサスではないかと思います。日本の野菜の中でも、癖の強いものもあります。でも、同じものを育てたとき、日本とヨーロッパであれば、日本のほうがどうしても穏やかな味わいになってしまうのです。

顕著な例は、唐辛子です。日本に唐辛子が伝来したのは16世紀といわれています。それに対して、朝鮮半島に伝わったのは、早くて17世紀後半。なのに、日本料理に唐辛子が使われることは稀な一方、朝鮮半島では料理に欠かせない食材として浸透しました。もちろん、歴史的な背景や気候の違いもありますが、大きな要素は土壌の違いだといわれています。唐辛子は日本の酸性の土壌に合わず、朝鮮半島のアルカリ性の土壌に合う。

日本でも、最近になって特定の生産者が海外の個性のある唐辛子を育て始めていますが、個人的には日本の一般的な唐辛子にあまり魅力を感じません。本来、唐辛子は辛いだけではなく、香りが魅力です。そして、唐辛子の種類によって、さまざまな香りの違いがある。だからこそ、メキシコ料理などでは多種多様な唐辛子を使い分けます。一方、日本の唐辛子は辛さはあるものの、それ以外の風味が薄い。あくまで勝手な想像ですが、だから一味唐辛子より七味唐辛子のほうがポピュラーなのかな、と思ったりします。

また、先に触れましたが、僕はスペインのグリーンピースが好きで、初夏になると現地までそれを目的に食べに行くくらい、ハマっています。冬の終わりから春に出てくるカタルーニャのギサンテ・マレズメもいいですが、何といってもバスクのギサンテ・ラグリマ。見た目が似ているので森のキャビア、と呼ばれたりもするみたいですが、僕にとってはキャビアと同じかそれ以上に価値があります。

あるいは、イタリアのピゼッリ・チェントジョルニ。日本では、ほぼ紹介されたことがない未知の食材ではないかと思います。ヴェスヴィオ山の麓で育てられる、伝統野菜です。これも、ギサンテ・ラグリマと同じくらいみずみずしく、プチッとした食感で、香り高く、中のジュースに上品な甘さがある。感動的です。日本のグリーンピースは、思い入れを排除して客観的に見ると、皮が分厚く舌に残り、みずみずしさがなく、青臭く、癖が強い。先入観なく初めて口にする日本の子どもたちからグリーンピースが苦手、という感想が出ることがあるのは、そういうところだと思います。日本でもギサンテ・ラグリマを持ち込んで育てたり、グリーンピースを早摘みしたりする試みも最近は出てきていますが、残念ながら同じものにはなっていません。後者の場合は品種の違い、前者の場合は土壌の違いでしょうか。

いうまでもなく、これは生産者の問題ではありません。日本の生産技術は世界有数だと思います。ただ、日本の土壌や気候で育つ野菜が、そういう方向性になる。そして、消費者もそれを好んでいる。だから、国内では需要と供給がマッチしていて、成り立っています。ただ、それは必ずしも海外で好まれる野菜の価値観とは異なる、ということなのです。

野菜の風味の違いは、料理にも影響を与えます。たとえば、ヨーロッパの野菜は味が濃いので、塩、コショウ、オリーブオイルだけで十分にサラダという料理として成り立つ。あくまで野菜が主役で、調味料は脇役です。一方、日本の野菜は風味が強くないので、ドレッシングで味を補わなければならないことが多く、野菜の主役感が薄れてしまいます。6章で触れる「梶谷《かじや》農園」のハーブなど、個性の強い野菜ばかり集めたら日本の野菜でも成立しますが、一般的なサラダは料理として成り立っていないと思うので、僕は好んで食べません。

昔、神宮前「傳《でん》」の長谷川在佑《ざいゆう》シェフがイタリアの「リド84（Lido 84）」という名店でコラボイベントをやったときに、たまたまそのタイミングに北イタリアにいたので参加したのですが、そこでは「傳」の名物のサラダが現地野菜を使って提供されました。長谷川シェフ曰く、日本では個性が強い野菜を集めて使っている。こちらでも同じような野菜を指定したら、驚くほど辛かったり苦かったりして、強かったそうです。実際食べてみて、僕も同感でした。イタリアの野菜を使うなら、あえて個性が強いものを選ばなくても十分成立するのでは、と思ったものです。

では、日本の野菜はどう食べるのがいいのか。ある意味当然のことなのですが、出汁と一緒に煮たり炊いたりするのが、一番合うと思います。日本人は昔、野菜を生で食べる習慣はほとんどなかった。主に、煮物、汁物、あるいは漬物にして食べてきた。それが最も美味しくなるのは、当然かもしれません。

海外に住む日本人の中には、現地の野菜が強すぎる、扱いづらい、という声もあります。確かに、日本人の感覚で和食に仕立てようとすると、そうなるでしょう。だから、どちらがよい、ということではなく、あくまで大きな違いがあることを認識する。特に、海外に食べに行くときには、その違いを意識しておくとより楽しめるのではないかと思います。

併せて、果物についても触れておきます。日本の果物は、とにかく甘い。生産者の多くは、いかに甘くするか、糖度を高くするかにエネルギーを注いでいます。そして、実際、アジアでは日本の果物が人気で、高値で取引されています。昨今、日本のブランド果物の苗木や種子がアジアの国々に流出しているという問題はあるようですが、育てる技術に現時点では差があると思います。香港で日本産のいちごとアジア産のいちごを食べ比べたことがありますが、価格に差があるし、実際食べてみるとクオリティの差は歴然としているからです。

ただ、個人的には、日本の果物は甘さに偏っているのではないか、という思いもあります。果物の良さには、まず香りがある。そして酸味や苦味なども果物によってはその特性としてあるはずです。ただ、甘味を重要視して品種改良するあまり、それ以外の要素が弱くなっていないでしょうか。もちろん、それが市場のニーズなので、生産者の責任ではありません。僕自身、日本の糖度が高い果物も食べます。ただ、ヨーロッパの果物の良さも、僕は捨てがたいと思っています。甘さはそれほど強くなくても、豊かな香りがある。酸味や苦味が心地よい。日本でその方向の果物にありつくのは簡単ではないかもしれませんが、ヨーロッパに行く機会があれば、果物の違いも意識して楽しんでもらえればと思います。

ちなみに、日本人の主食である米についても同じ傾向が見られます。長年に渡る品種改良の結果、まずい国産米、というのはほぼなくなったのではないでしょうか。ただ、その方向性が甘味を強くすることに偏ったあまり、やはり昔と比べて明らかに香りが弱くなっていると感じます。これは、多様性という意味からも、懸念すべきことだと思っています。

僕が尊敬するシェフたち

世界に大きな影響を与えているレストラン10軒と、その料理人をご紹介します。

デンマーク「ノーマ（Noma）」――レネ・レゼピ｜シェフ

世界的な新しい料理の潮流を作った「ニュー・ノルディック宣言」を先導したのが、何度も登場している「ノーマ」。そのシェフがレネ・レゼピです。コペンハーゲン生まれで、お父さんがマケドニア人、お母さんがデンマーク人。幼少期はマケドニアの田舎に住んでいたそうで、その土地ならではの食材に目を向けるようになったそうです。また、海外の有名店で長く修業をしていたこともあり、デンマークの良さを外部の視点で客観的に見ることができたのでしょう。

「ノーマ」の料理についてはすでに3章でお話ししたので、それ以外で特筆すべきところを挙げると、なんといっても関わっている人の優秀さと士気の高さです。あれほど士気の高い集団は、レストラン業界以外を含めても、あまり存在しないのではないかと思います。料理人もサービスもバックオフィスも、全員「ノーマ」というチームの一員であることに良い意味で誇りを持っていて、自分の能力を最大限発揮している。これが、レネ・レゼピのリーダーシップによるものであることは、明らかです。

「ノーマ」のHead of R&D（料理開発担当責任者）を務める高橋淳一さんは、10年以上在籍しています。以前話したとき、年齢的にも独立を考えてもよいタイミングではあるのだけれど、独立するより「ノーマ」に残ったほうが刺激的な料理人人生が送れそうだから、踏みきれない、という嬉しい悩みを話してくれたことがありました。これはどんな組織でもあることかもしれませんが、独立すると自分が後進を育てる立場になり、誰かから刺激やインスピレーションを得ることが減ってしまう。しかも、「ノーマ」の場合、レネのビジョンがあまりにぶっ飛んでいて、毎年違うレストランで働いているくらいに刺激がある。だから、あまりに面白すぎて、まだ卒業できていないそうです。「ノーマ」に優秀な人が集まって、士気が高い集団を形成している理由がわかりました。

「ノーマ」のサービススタイルも、料理界に大きな影響を与えています。西洋料理でありながら、料理人が自分で料理を運び、お客さんに自分で説明をするやり方です。サービススタッフもいますが、その多くはソムリエで、ワインを選定したりドリンクを提供することに特化しています。過去にもシェフが自分の料理を説明する店はありましたが、「ノーマ」はレネ・レゼピというオーナーシェフだけではなく、スーシェフですらない若い料理人も含め、作った人が持っていって説明するという取り組みを始めたのです。

このスタイルは、ヨーロッパでどんどん広まっています。通常であればお客さんと接する機会がない若い料理人にとって、お客さんの表情を見たりフィードバックを直接もらったりするのは大いに励みになると思います。また、お客さんも料理についてより細かい質問ができる。双方にメリットがあると思います。

デンマーク「アルケミスト(Alchemist)」――ラスムス・ムンク―シェフ

デンマーク、コペンハーゲンにある「アルケミスト」は、劇場型レストランとして知られています。劇場型レストランといっても定義はまちまちで、日本だとカウンター越しにシェフが料理を作って直接提供する店も劇場型と呼んだりします。ここでいう劇場型はそれとは異なり、視覚や聴覚にも訴えかける仕掛けがあるレストランを指します。このタイプのレストランの先駆者といえるのは、上海「ウルトラバイオレット」です。10人のゲストがひとつのテーブルを囲み、料理に合わせた360度のプロジェクションマッピングや音楽に包まれながら食事をするという、ドラマチックな体験です。

一方「アルケミスト」は、巨大な建物の中を移動し、いくつかの部屋を経由して最後にダイニングルームに辿り着くという、まるでアミューズメントパークのような体験になっています。僕が訪れた際は、プロの音楽家がヴァイオリンを演奏する部屋があるなど、驚かされました。

ダイニングに到着すると、プロジェクションマッピングで映像が流れています。「アルケミスト」が面白いのは、それが単純にエンターテインメントであるだけでなく、社会性を盛り込んでいることです。たとえば、海洋プラスチックの問題をハイライトするために、食べられるプラスチックを料理に入れたりします。食べ手からすると、必ずしも心地良い経験ではないかもしれませんが、口に入れるとちゃんと美味しく仕上がっていますし、そのメッセージは強く印象に残ります。大きな目玉をかたどった料理には、魚の目のゼラチンが使われています。通常捨てられてしまう部位を活用しつつ、誰もが常に監視されているという現代社会への風刺を込めているそうです。

シェフは、デンマーク人のラスムス・ムンク。劇場的な仕掛けや料理の完成度の高さだけでなく、その社会的なメッセージも含め、世界的に注目されています。

スペイン「アサドール・エチェバリ(Asador Etxebarri)」
——ビクトル・アルギンソニス——シェフ

ここ10年、世界的にブームになっている薪焼き。そのきっかけとなったのが、「アサドール・エチェバリ」です。薪焼きはバスク地方に昔からある調理法で、燃やした薪を主に熾火状態にして、食材に火入れをします。カジュアルな店が中心で、1人1万円以下で食べられるのが一般的です。

そんな「アサドール」という業態を突き詰め、ガストロノミーに昇華させたのが、ビクトル・アルギンソニスです。正式な料理の修業経験はなく、趣味が高じてお店をオープンしたそうです。そして、普通のアサドールにはとどまらず、薪焼きの技術を徹底的に突き詰めて、「薪火の魔術師」と呼ばれるようになったのです。また、仕入れも通常のアサドールの範疇を超え、地元の食材だけではなく、スペイン中から、またスペイン国外からも最高のものを集めるようになりました。

食材を複雑に組み合わせることなく、ひとつの食材、もしくは多くても2つを使って食材のポテンシャルを引き出します。単純に焼くというだけでなく、クリームに薫香を付けてからバターにしたり、キャビアを網に入れて軽く炙ることでスモークしたりと、薪焼きの可能性を広げています。

日本人の前田哲郎さんが、当店で長く働いてビクトルをサポートしていました。今は独立して同じ村で「チスパ（Txispa）」を開業し、薪焼きに日本人の感性を取り入れた独自の料理を追求しています。

薪は火力が安定しないなど簡単ではないのですが、だからこそ薪に魅力を感じる料理人は多いようです。日本でも、キッチンを改造して薪焼きができるスペースを新設したり、物件によっては薪焼きがダメなところもあるのでできる場所に移転したりという話をよく聞きます。その流れを作ったのが、「アサドール・エチェバリ」なのです。

イタリア「アトリエ・モエスマー（Atelier Moessmer）」
——ノルベルト・ニーダーコフラー｜シェフ

場所は、イタリアのオーストリア国境近く、トレンティーノ＝アルト・アディジェ。「アトリエ・モエスマー」は、僕が今最も注目しているレストランのひとつです。シェフのノルベルト・ニーダーコフラーの料理のテーマは、「クック・ザ・マウンテン」。山を調理するというもの。

ベネチアから車で3時間、3000m級の険しい山々が連なるドロミテ渓谷の中のブルニコという街にあって、その山のものを含めて近隣の食材しか使いません。地元のジビエや肉、乳製品が素晴らしい。

特筆すべきは、食材を無駄なく使いきることを旨としていて、肉だといろんな部位を料理に盛り込むことです。消化器系の部位も使って三つ星を取ったレストランというのは、ヨーロッパで初めてではないかと思います。モツの煮込みなんて、高級レストランで出すものではないというイメージの中、高い評価を受けました。サステナビリティをしっかり踏まえつつ、カジュアルな店で出すような食材を使って驚くような料理を出すという、一番難しいことをやっている稀有な料理人です。

また、同じ哲学を持っている若いシェフをたくさん輩出していることでも知られています。たとえば、ミラノから北に車で1時間半の山の上にあるレストラン「コントラーダ・ブリッコーニ（Contrada Bricconi)」では、卒業生が同様に山の食材に取り組んでいて、フーディーの間で話題となっています。一方、ノルベルトが監修するベネチア「アマン・ヴェニス」のメインダイニングでは、「クック・ザ・マウンテン」ならぬ「クック・ザ・ラグーン」をテーマに、ベネチアの潟で取れた魚介を提供しています。イタリア料理界の将来に大きな影響を与えているシェフです。

イタリア「リストランテ・ウリアッシ（Ristorante Uliassi)」
――マウロ・ウリアッシ――シェフ

イタリアのマルケ州、アドリア海岸沿いにあるレストラン。夏になると日光浴に人が集まってくるような海辺のビーチにあり、もともとは海の家のようなカフェだったそうです。それが、今やイタリア屈指のレストランに数えられています。

海に面しているだけあって、新鮮な魚介も素晴らしいのですが、なんといっても当店を訪れたら食べたいのがジビエのコース。事前にオーダーしておく必要はありますが、冷凍したものを使うので、冬場だけでなく年中楽しめます。年中ジビエのコースを食べられる店は、ヨーロッパで数少なく、三つ星クラスでいえばここが唯一であることは間違いありません。また、単にジビエが揃っているというだけでなく、その火入れや他の食材との組み合わせ、温度感なども含め、料理としても最高峰だと思います。

なぜ海辺にあるのにジビエにフォーカスしたメニューをやっているのか。シェフのマウロ・ウリアッシ曰く、昔この地方は貧しかったのだそうです。だから、山に入って食べられるものを採取したり、野生動物を猟って食料にするなんて、当たり前のことでした。魚介は、海の近くに住んでいる人しか食べていなかった。だから、マルケの伝統を踏まえた料理をビーチでやっているそうです。

ただ、最初は自分がやりたい料理なんて、一切できませんでした。庶民的なビーチですから、行楽客が立ち寄ってトマトソースのパスタを食べて帰るようなお店から始めた。それが30年かけて、やがて三つ星になり、世界でも有数のレストランになった。とてもイノベーティブで、人格も素晴らしいシェフです。

ペルー「セントラル（CENTRAL）」――ヴィルヒリオ・マルティネス―シェフ

2023年度「世界のベストレストラン50」で第1位に輝いた、名実ともに世界最高峰のレストランです。ペルーといえば、先に書いた通り、もともとガストン・アクリオというシェフがペルー料理のアンバサダーとして知られています。次の世代の料理人であるヴィルヒリオ・マルティネスは、ペルー固有の食材を徹底的に掘り下げることで新たな地平を切り拓き、ペルーを美食の国として知らしめるに至りました。

ヴィルヒリオとパートナーのピア・レオンは、ペルーならではの食材をペルー各地の山奥や海の中から見つけてきて、それをオリジナリティの高いイノベーティブな料理に仕立てています。中には、地元の人しか知らない食材や、地元の人すら知らない、口にしないような食材も取り入れています。

ペルーは海もあれば、標高5000mを超える山もあり、多種多様な生態系があります。必ずしも日本のような季節の移り変わりがないものの、標高によって気候はドラマチックに変化します。よって、高度をテーマとしてコースを構成し、異なる標高ごとに特徴的な食材を料理に落とし込んでいます。

僕はこれまで5、6回は行っていますが、行くたびに進化しており、「こんな珍しい食材を見つけました」だけではなく、その食材をどう生かすかに関しても、徹底的に考え抜いているのが見事です。

たとえば、当店のシグネチャーとなっているカカオのデザートは、カカオ豆をチョコレートにするだけではなく、カカオの殻、カカオニブ、カカオパルプ（カカオの果肉）まで盛り込んでいます。本来なら捨てられてしまうような部位までうまく使い、ひとつの料理に仕上げていく。いつも感心させられます。

ヴィルヒリオは、クスコ郊外に「ミル（MIL）」というレストランと研究所を兼ねた施設を設立し、ペルーの固有食材の保全にも力を注いでいます。ミルに一度食べに行ったことがあるのですが、観光客も訪れるモライ遺跡のすぐそば、標高3600mにあります。世界で最も標高の高いファインダイニングレストランではないでしょうか。クスコの空港に着いてすぐ食べに行ったら高山病で体調を崩す危険性があるので、標高2800mのオリャンタイタンボまで一旦降りて、高地順応を兼ねて一晩寝てから翌日のランチで伺いました。その意味では、世界で最も訪れるハードルが高いレストランのひとつでもあります。

先述の通り、ペルーにはたくさんの固有種の食材があるのですが、すべてが日常的に生産されているわけではありません。生活のために、ごく少ない種類の経済性の高い作物しか育てられていないのが現状だそうです。種の多様性を維持するため、ヴィルヒリオは周辺の部族と交渉し、彼らが納得する形で作物を買い上げる契約を結びました。「ミル」専属の文化人類学者曰く、外部の人間に迫害されてきた歴史があるため、最初は疑われたそうですが、集落の集いに参加させてもらうなどして、信用を積み上げていったそうです。「ミル」では、こうやって地元コミュニティによって作られた農作物を含む、クスコ県の食材に光を当てたイノベーティブ料理を楽しむことができます。

中国「新栄記」——張勇一シェフ

中国国外での知名度はまだ低いかもしれませんが、「新栄記《シンロンジー》」はグループで30店舗以上を展開し、ミシュラン三つ星を筆頭に二つ星を複数の店舗で獲得するなど、中国随一の高級レストラングループです。世界中で星を取っているという意味で、中国の「ジョエル・ロブション」と称されることもあります。

もともとは、上海から南に高速鉄道で3時間行った台州の臨海《リンハイ》が本拠地。そこから、中国全土に広がっていきました。現在は高級店を中心としつつ、田舎料理が食べられる店や火鍋の店なども展開しています。

中国の料理は、地方ごとに分かれています。それぞれの地方で特徴的な料理があるのですが、そういう料理をすべて網羅したひとつの中国料理というものは存在しませんでした。

オーナーシェフの張勇《ジャンヨン》さんは、自分で中国全土を回り、いろんな食材やレシピを見つけてきて、それをテストキッチンに持ち帰って実験し、台州料理に取り入れていきました。そして、今までになかったひとつの中国料理を作りだしたのです。各地のレシピを発掘し、編纂したという意味においては、フランス料理におけるエスコフィエのような存在といっても過言ではないかもしれません。まさに、唯一無二の存在といえます。

中国で北京ダックを食べるとしたら、普通は北京料理の店、中でもダックを得意とする専門店で食べるのが当たり前です。北京ダックも広東料理の焼き物もメニューにある店が中国にあるとしたら、まず間違いなく、そこは外国人を相手にしているような美味しくない店です。日本料理でいえば、鮨も焼鳥も天ぷらも蕎麦もあって、すべて美味しい店など存在しません。ところが「新栄記」はそれをくつがえしたのです。もともと台州料理の店なのに、北京ダックが美味しい。四川や湖南を連想させるスパイシーな料理もあれば、広東料理のように乾物を使った料理もある。そして、どれも非常に水準が高い。

張勇さんは料理人として素晴らしいだけでなく、自社農場で食材を作ったり、料理人やサービススタッフを養成する学校を作ったりするなど、キッチンを飛び越えたビジョンがあります。その意味でも、中国料理の歴史に名を残す人物だと思います。

東京「鮨さいとう」――齋藤孝司さん

日本の鮨において、現代における最高峰だと僕は思っています。その素晴らしさは、技術で鮨という料理を完成させているというところです。当然のことながら、よい食材を使ってはいますが、市場で一番高い魚介を買っているわけではありません。なのに、それが握りとなると最高峰になるのは、齋藤孝司さんのまさに鮨職人としての力量があってこそです。

では、「鮨さいとう」の鮨は、何がすごいのか。なんといっても、握りの姿が美

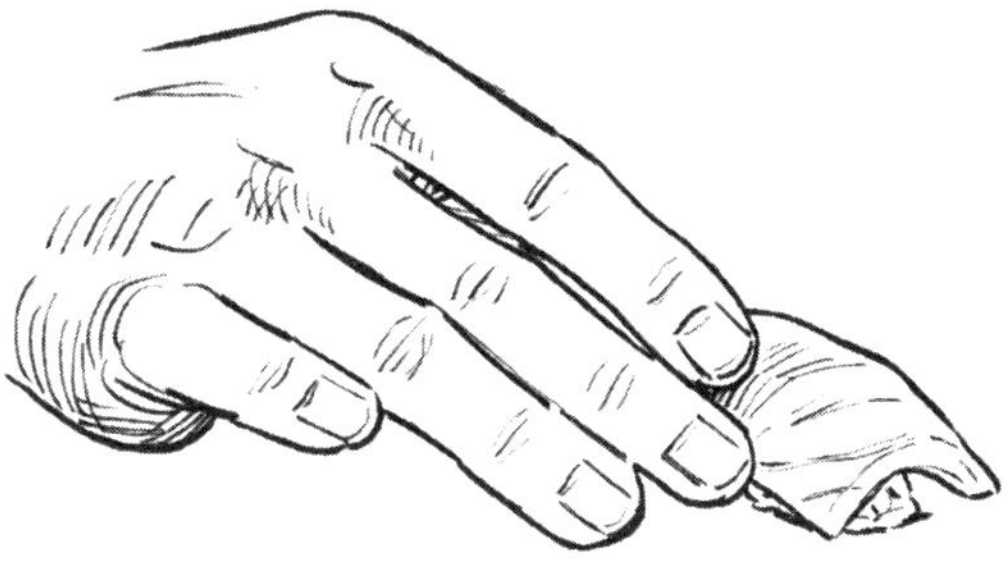

美しいものは美味しい、を体現した
「鮨さいとう」の握り

しい。何を美しいと感じるかは個人差があるし、すべての料理ジャンルに当てはまるわけではありません。ただ、僕は、少なくとも鮨に関しては、美しいものは美味しい、といえると思っています。人間が美しいと感じるもののひとつの特徴は、均整が取れていることです。均整が取れているということは、構成要素が過不足なく、バランスよく配置されている。握りでいうと、口に入ったときのサイズ感が、大きすぎず、小さすぎず。酢飯と鮨種の大きさや量の比率も、ぴったり。口の中でほどけたときに、同じタイミングで儚く消える。バランスがいいから、美味しいのです。美味しいものが美しいとは限らないけれど、美しいものは美味しいし、美味しくないものは美しくない、と思っています。

ネタのすごさ、仕入れの良さを売りにしている店はたくさんあります。そういうお店は、確かに魚介はうまいかもしれない。ただ、だからといって握りとして美味しくなるかというと、それは全く別の問題です。切りつけがよくなかったり、酢飯が合っていなかったら、鮨としてのバランスは崩れてしまうからです。

バランスが取れているものは、どの構成要素も突出していないがゆえに、注意していないと印象に残らない危険性があります。だから、「鮨さいとう」に初めて行って、良さがわからなかったという声を聞くことがあります。そういう人は、他のお店を回った後でもう一度「鮨さいとう」を体験すると、ようやくその良さが理解できることが多い。バランスが取れていない鮨を食べて初めて、バランスが取れていることの凄みがわかる、ということかと思います。

僕はお酒がほとんど飲めないので詳しくありませんが、ワイン愛好家にいわせると、実はワインも似ているところがあるそうです。知名度はないものの、ドメーヌ・ジャック・カシューのエシェゾーのように、すべてにおいてバランスが取れているものは、こちらがしっかり理解しない限り「印象が薄い」になりかねないのだそうです。

現在は常連のみの営業となってしまい、齋藤さんの鮨を食べられる機会は限られています。ただ、食を愛する仲間の輪を広げていけば、予約を持っている人にいずれはたどり着けるかと思いますので、機会があれば是非味わってもらいたいと思います。お会計は安くはありませんが、東京の鮨屋で最高峰の価格帯ではない。なんなら、割安感がある。齋藤さんなら、原価だけでなく需給バランスを考えて、1人10万円にしても、予約で満席の状況は変わらないと思います。しかし、それでも値上げをしないのは、彼の男気だと思っています。

富山「レヴォ（Cuisine régionale L'évo）」――谷口英司―シェフ

日本を代表するデスティネーションレストラン（旅の目的地になるような、わざわざ訪れる価値のあるレストラン）として世界に名を馳せつつあるのが、「レヴォ」です。大阪出身でフランス料理を修業した谷口英司シェフは、たまたま富山に縁があって移住したところ、その地に魅了されたそうです。富山市内で「レヴォ」を名店に育て上げた後、山間部の利賀村《とがむら》、しかも廃村になっていた地区に文字通りゼロからレストランを作り上げました。

「レヴォ」の素晴らしさは、なんといっても天然食材とそれを生かした調理です。富山の魚介も登場しますが、すぐ近くの山の食材を徹底的に研究している。その代表格は、ジビエです。熊は世界のほとんどの国で保護対象で、禁猟になっていますが、「レヴォ」では日常的に食材として使われています。他にも穴熊や狸、猪など、数多くの食材を味わうことができます。日本のジビエ文化は世界に誇れるものがあると考えていますが、それを牽引するフロントランナーが「レヴォ」です。

また、ある意味これもジビエといえるのですが、蛙も登場します。蛙はフランス料理だと普通に使われる食材ですが、基本的には養殖です。「レヴォ」ではそうではなくて、天然の蛙の料理をいただけるのです。もちろん、捕まえるのは簡単ではなく、店よりさらに山奥に1時間も分け入って、スタッフと一緒に必死で追いかけるのだそうです。ここまで天然の食材にこだわっている店は、世界的にもかなり稀有です。

僕は、「レヴォ」が富山市内で営業していた頃から谷口シェフと付き合いがありますが、そこから移転して山奥にレストランを作ったのは、大変な決断だったと思います。人が住まなくなった地区に数億円単位の投資をしてオーベルジュを造ったのは、料理界のフィールド・オブ・ドリームスといってもいいのではないかと思います。

富山市内から1時間半以上かかり、雪が積もると身動きが取れなくなるくらい困難な立地にあるにも関わらず、レストランは数週間先まで満席、宿泊は3部屋しかないこともあって半年先まで予約が埋まり続けるくらいの人気です。近年は、アジアのベストレストラン50の51〜100位にもランクインしたことで、国内だけでなく世界中からフーディーが集うようになっています。地方におけるレストランのあり方を変えた店だと思いますし、「レヴォ」の成功事例を見て他の地方でも意欲的な挑戦が今後増えるのではないかと楽しみにしています。

金沢「片折」 ―― 片折卓矢さん

割烹「片折」の大きな特徴は、店主の片折卓矢さんが、自らほぼ毎日自分で魚市場に行き、自分で魚の目利きをしていることです。そして、欲しい魚を指定して、仲卸に競り落としてもらっている。仲卸が選んだものの中から選ぶのではなく、自分で選んでいるのです。

金沢の隣の野々市市《ののいち》にある「すし処めくみ」の山口尚享《たかよし》さんに師事して、目利きの仕方を学んだのだと聞きました。それにしても、仕入れのためだけに、1日に3時間、4時間と運転して市場に通っているというのは、大変なことです。

魚介だけではなく、たとえば秋になると松茸を名産地の珠洲まで、自分でわざわざ買付けに行きます。能登の松茸は「のとまつ」と呼ばれ、東京にはほぼ出てこない、地元で消費される希少な食材。一日かけて直売所などを巡るので、松茸の時期は昼営業が行われません。

ただ、強調したいのは、「片折」は食材の良さだけではないということです。食材をどう生かすか、そして日本料理らしい季節感をどう表現するか、考え抜いているところが素晴らしいのです。冬の「香箱ガニ」は、内子の卵感を生かして半生に火入れします。春菊の白和えは、豆腐がクリーミーで、食感の良さに驚かされます。

また、決して贅沢な食材ではない里芋も在来種にこだわって田舎煮にしたり、強力な食材の少ない春夏は修業先の「つる幸」時代のレシピを自分なりに再構築したり、文化や歴史の継承と発展も意識していることが伺えます。地方にあって、今後の日本料理界を牽引していく中心人物になるであろうと期待しています。

第6章

美食の未来予測

私たちは何をどう食べるのか

レストランの二極化が加速する

日本のレストランビジネスは、世界一競争が激しいといって過言ではないと思います。その理由のひとつは、開業するうえでの参入障壁が低く、飲食店の絶対数が非常に多いことにあります。だからこそ、世界有数の美食大国になったという側面もあります。そんな中、今後はレストランの二極化が進むと予想されます。

一方の極は、小規模で個性的な店です。ミシュランの星を獲得するような高単価の高級店もあれば、ビジネス規模は小さいけれど少人数で営業しているので利益を確保できる店、そして利益よりも料理や空間作りへの情熱を追求し、自分たちのペースで楽しめることを目指す趣味性の強い店など、さまざまなスタイルがあります。

もう一方の極は、ビジネスとしてオペレーションを確立した、大規模なレストラングループです。多くの席数を持ち、手が届きやすい価格帯。シェフ1人の個性に依存せず、料理はレシピ化されている。グループ全体で採用やトレーニングも効率的に実施しているので、店舗ごとに適宜人材を割り振ったり、シフトを組んだりしやすい。

これらのどちらでもない、中間にある店は、今後厳しい状況に直面する可能性が高いと考えています。人材不足が業界全体の課題となる中で、個人で40席以上の店を安定して運営するのは、容易ではありません。料理は得意でもオペレーションが得意でないなら、小規模化するなり、オペレーションが得意なパートナーと組むなり、何らかの打開策を講じる必要が出てくるかもしれません。

海外でも、欧米では二極化の流れが顕著ではありますが、日本とは多少事情が異なります。シェフだけのいわゆる「ワンオペ」の店は、日本以外の各国では鮨屋などを除くとほぼありません。少なくとも、シェフとは別にソムリエがいないと成り立たない国が多いですし、皿洗いを雇うことも多い。そうすると、少なくとも3人の店ということになります。その規模で最低限、経済的にペイするとなると、いくら小さいお店でも、日本のワンオペのお店よりは必然的に大きくなります。

また、ヨーロッパの多くの国では、レストランの開業に制約があります。たとえば、パリでは、新しいレストランを開くには、原則として既存のレストランの営業権を買い取る必要があります。民家などを壊してレストランを建てることがほぼ不可能なため、店の規模は自動的に決まってきます。ヨーロッパでもレストランの小型化の流れはあるものの、日本ほど小さくなることはないと考えられます。

ただ、ヨーロッパでは大きなレストラン内にカウンターを設けて、その部分だけ別の店のように切り出す「レストラン・イン・レストラン」の形態も増えています。たとえば、スペインの有名シェフ、ダニ・ガルシアが手がけるマドリードの「スモークド・ルーム（Smoked Room）」は、カウンターと小さなテーブルしかない小規模なレストランですが、「レニャ・マドリード（Leña Madrid）」というフルサイズのレストランとスペースを共有しています。カウンターではシェフが目の前で料理を作り、直接説明もしてくれるので、鮨屋や割烹を思わせる親密感があります。

ビジネスとしてのレストランをしっかり回しつつ、インフラを共有する小規模な箱で、シェフの個性が感じられる料理を高単価で提供する。今後、このようなレストランの形態は増えていくかもしれません。

「円安」「インフレ」「インバウンド」で変わる日本の外食

昨今、円安、インフレ、インバウンドというキーワードを外食業界のみならずビジネスの世界で頻繁に聞くようになりました。まずは、その関係性を簡単に整理したいと思います。

まず、円安傾向なのは、日本銀行が国内経済を刺激するために低金利政策を維持していることが主な要因です。そして、日本は多くの商品や資源を海外から輸入しているため、円安が進むと輸入品の価格が上昇し、インフレにつながっています。また、それとは別に、資源価格の高騰やコロナ後の労働力不足も外食業界における価格上昇に拍車をかけています。そして、円安はインバウンドを増加させる効果もあります。もともと日本はコロナ前でも世界で人気の旅行先ではありましたが、日本の食が割安だから、というのも大きな理由になりつつあります。

今や、日本の食事の「安さ」は発展途上国並みです。発展途上国で高級レストランに行くと、外国人のお客さんがほとんど、ということが珍しくありません。地元の人にとっては、高いからです。しかし、外国人は、気にしないから食べに行きます。日本は、明らかにこうした「安い国」になってきています。

日本のレストランの多くは、原価に対して利益を一定パーセンテージのせる形だったり、競合店の価格を意識したりして価格を設定していることが多いかと思います。しかし、今後は、需給のバランスを部分的にでも反映する店も増えてきそうです。つまり、予約が取れないくらいに需要がある人気店であれば、ギリギリ席が埋まる、もしくは必ずしも席が埋まらなくても利益が最大化できるところまで価格を上げてしまえばいい、という考え方です。これは、音楽のライブなどですでに海外で実施されている、ダイナミック・プライシングの考え方です。日本人の常連相手に商売をしていれば、反発が予想されるので、よほどの人気店でない限り、導入は躊躇するかもしれません。ただ、定期的に通うわけではないインバウンドが増えれば、実現可能性は高まります。

その結果、どうなるか。日本が経済的に地盤沈下すればするほど、インバウンドをターゲットにしたお店が増えていきます。そして、日本人にとっては残念ですが、普通の日本人の感覚だと高すぎて行けない店も増えていくと思います。そして、そういうお店が、高値で食材を買う可能性も強い。そうすると、極端な話、日本の最高の食材は、日本人の口には入らないということにもなりかねません。日本人からすると「考えられない」「あの料理にあんな値段を払うのか」ということになるかもしれませんが、そもそも、経済が衰退するというのは、そういうことなのです。

東京のお店は、明らかに高額化が進んでいます。そして、その流れは、高額店以外にも波及しています。ラーメンは、昔1000円の壁という言葉がありましたが、いまやそれはほぼ崩壊したといえます。低賃金や長時間労働などの犠牲の上に今まで成り立ってきた側面があるので、これは必ずしも悪いことではありません。

地方に目を向けると、東京からのお客さんが多い京都など一部例外を除いて、価格はあまり上昇していない印象です。ただ、この3つの要因に加え、労働力不足の影響も考えると、同じ値段ではやっていけません。東京ほどではないにせよ、遅かれ早かれ、価格は上がっていくでしょう。

世界のトレンド「プラントベース」とは何か？

世界的に食のトレンドとして注目されているのが、プラントベースです。プラントベースとは、植物由来の原材料を用いた野菜中心の料理を指します。厳密な定義があるわけではありませんが、僕の解釈では、従来のベジタリアンやヴィーガンのような「思想」ではなく、普段は肉や魚を食べる人が、時折、今日は野菜だけの食事にしてみよう、といった柔軟なアプローチを取る「スタイル」を指します。現代の食文化において、このムーブメントは確実に広がりを見せており、野菜料理は食の選択肢のひとつとして注目を集めています。

アメリカ、次いでヨーロッパ主要都市では、プラントベースの概念が広まりを見せています。ファインダイニングの世界で象徴的な出来事だったのは、世界のベストレストラン50で第1位を獲得したこともあるニューヨークの「イレブン・マディソン・パーク（Eleven Madison Park）」が、プラントベースへの全面転換を2021

年に発表したことです。さまざまな議論が巻き起こり、「野菜の料理に$300以上も払うのか」など批判もあるものの、ミシュラン三つ星を引き続き維持するなど、ニューヨークを代表するレストランであり続けています。また、プラントベースではありませんが、デンマークの三つ星レストランでこちらも世界のベストレストラン50で第1位になった「ゲラニウム（Geranium）」も、肉をやめて野菜を中心に魚介を使うメニューに転換しました。

カジュアルなレストランでは、アメリカを中心に、肉の代わりに大豆ミートなどの植物性タンパクを使う店が増えています。たとえば、ヴィーガン・タコスやヴィーガン・バーガー。個人的には、バーガーのように肉の存在感が大きいものは、現時点では難しいと感じています。逆に、タコスの場合はうまく調理・味付けすれば、違和感なく美味しく食べられるところまで進化していると思います。

日本でも、プラントベースを取り入れたレストランが、少しずつ増えています。その多くは、本書の主題である美食の範疇ではありませんが、銀座の「ファロ（FARO）」のようにガストロノミーとヴィーガンを両立させているお店も登場しました。パティシエの加藤峰子さんは、ヴィーガンスイーツで、2024年度のアジアのベストレストラン50でベストパティシエ賞を受賞しました。また、石川県加賀市にある会員制ティーサロン「ティートン（TEATON）」も、ヴィーガンスイーツを提供しているのですが、これが驚くほど美味しい。ヴィーガンであることを完全に忘れて、単純に美味しいから通いたい、そういう稀有なお店です。

日本には、精進料理の伝統があるものの、韓国のチョン・クワンさんの料理のように、お寺の枠組みを越えて日本料理界に影響を与えるようなものは出てきていません。個人的には、精進料理から何らかのインスピレーションを得て、それをガストロノミーに生かす料理人が出てくれば面白くなるのではと思っています。

また、一般的な日本料理だと、出汁に鰹節を使いますし、肉はまだしも魚が出てこない割烹はほとんどないため、プラントベースは簡単ではないのが現実です。ただ、プラントベースがベジタリアンやヴィーガンのような「思想」ではないのであれば、出汁の鰹節くらいは許容する、というのもひとつのスタイルとしてはありではないでしょうか。野菜料理が得意な割烹は日本中にたくさんあるので、鰹節以外の魚が出てこなくても十分満足感のあるコースを組み立てることは可能だと思います。

深刻な人材不足と働き方改革

飲食業界では、現在大きな波が押し寄せています。そのひとつが人材不足、そしてもうひとつが働き方改革です。特に人材不足は深刻化しており、アルバイトの時給を1800円以上に設定しても人が集まらないという状況が起こっています。

人材不足は、日本だけの問題ではありません。アメリカの大都市では、時給25～30ドルを提示しても、飲食業界で人材を確保するのが難しいといった話も聞こえてきます。日本円にすると、およそ時給4700円（2024年5月現在）。もちろん物価が違うので比較はできないですが、深刻な状況を物語っています。

この状況に対応するための手段は、限られています。どれも簡単なことではないですが、値上げをしたりより高級な業態に転換したりして高い賃金を払えるようにするか、人手が少なくて済むよう効率的なオペレーションを構築するか、です。この流れは、前述のレストランの二極化をさらに推し進める要因にもなっています。

そしてもうひとつは、一番難しいかもしれませんが、賃金が高くなくても働きたいと思えるような魅力的な職場にすることです。企業の場合、それは仕事の面白さ、働きやすさ、休日の多さ、子育て支援だったりしますが、レストランの場合は、なんといっても料理の魅力やオーナー、シェフの人間性が最も重要ではないかと思います。

少しベクトルの違う話ですが、アジアのベストレストラン50で第1位に輝いたこともある神宮前「傳」の長谷川在佑シェフと以前話したときに、興味深い話を聞きました。料理人の中には、料理は上手でも、独立に向いていない人もいる。だから、全員いずれ独立することを前提とした組織にするのではなく、独立しないでも働き続けられる環境を用意したい、とのことでした。

確かに、独立してお店を持つのは、他の業種でいったらスタートアップを起業するのと同じくらい大変なことです。仕事はできても、アントレプレナーシップがない人もたくさんいます。なので、長谷川シェフは、独立しなくても働き続け、結婚や出産もできて、幸せに暮らせるだけの安定した収入をそういった優秀な料理人に提供できるようにしたい、といっていました。こうやって働き方の多様性を確保することも、飲食業界への人材の定着を促す方法のひとつかと思います。

人材不足に加えて、労働環境を改善するための働き方改革も飲食業界に大きな影響を与えています。ここ5年ほどで、週2日の休日を確保するレストランが急増したと実感しています。以前はレストランといえばカジュアルなところは無休、個人店は週1日もしくは4週6休程度だったのが、変わってきています。かつては毎日営業しているのが当たり前だったホテルのメインダイニングですら、休日を設けるところが増えています。

ヨーロッパでは、北欧を中心に週休3日のレストランも増えてきました。夜だけの営業だとしても、店を開ければ最低でも10時間は働くことになります。10×4＝40、つまりこれだけで週に40時間労働となってしまう。国によっては、シフトを組めるだけの人数を追加で雇わない限り、それ以上の営業は不可能です。

今までの飲食業界では、若い料理人の卵たちが安い賃金で長時間働き、その代わり料理を勉強し、成長する。そして、その経験を元にいずれ独立開業するというキャリアパスが一般的でした。しかし、働き方改革が進むことで、そうした働き方が許されなくなりつつあります。もちろん、自発的に調理場に残って自習するのは厳密にいえば可能ですが、雇う側からすれば、業務過多が原因であると指摘されてしまえば責任を問われるリスクが生じ、敏感にならざるを得ません。

結果として、若手が十分な経験を積むことが難しくなる可能性があります。ある料理人がいっていたのですが、同じ100時間の修業をするのでも、それを1年間にわたって行うのと、1カ月間にまとめてやるのとでは、全く結果が違う、と。つまり、集中して学ぶとその分成長する、というのです。もしそうだとすると、労働時間が減ることで、日本が誇る料理人の技術レベルが今後低下してしまうリスクすらあります。

すでに実力のある料理人であれば、他のクリエイティブの分野のように業務委託契約で自由に働く、というのも可能です。ただ、キッチンの指揮命令系統に組み入れられてしまうと業務委託とは認められないでしょう。そして、まだ修業中の料理人の卵は指揮命令してもらうことで成長するので、次世代の育成には向いていません。

この話をよくいろんな料理人とするのですが、理想論をいえば、生活のために働く「労働」と、自分のスキルアップと将来のために働く「修業」を区別できないのか、と思います。つまり、「労働」をしたい人には労働基準法を遵守する形で働いてもらう。そして、「修業」したい人は何らかの別のキャリアトラックを設ける。たとえば、10年で独立して開業できるくらいまでの経験をさせると確約する代わり、労働時間に柔軟性をもたせる。いわば、現代における「ギルド」の徒弟制度のようなものです。美食を伝統工芸などと並んで日本が受け継いでいくべき文化として捉えるなら、その次世代における担い手を育てるための取り組みが必要ではないかと考えます。

マグロとジビエに学ぶ、食材の未来

レストランのサステナビリティを考えるうえで、食材が今後どうなっていくのかは重要です。中でも気になるのは、天然の魚介でしょう。地球温暖化に伴う海水温の上昇によって、生態系が変わり、魚が取れる場所や時期が大きく変化しています。たとえば、最近は北海道でカツオが取れるようになっています。カツオは、暖海性

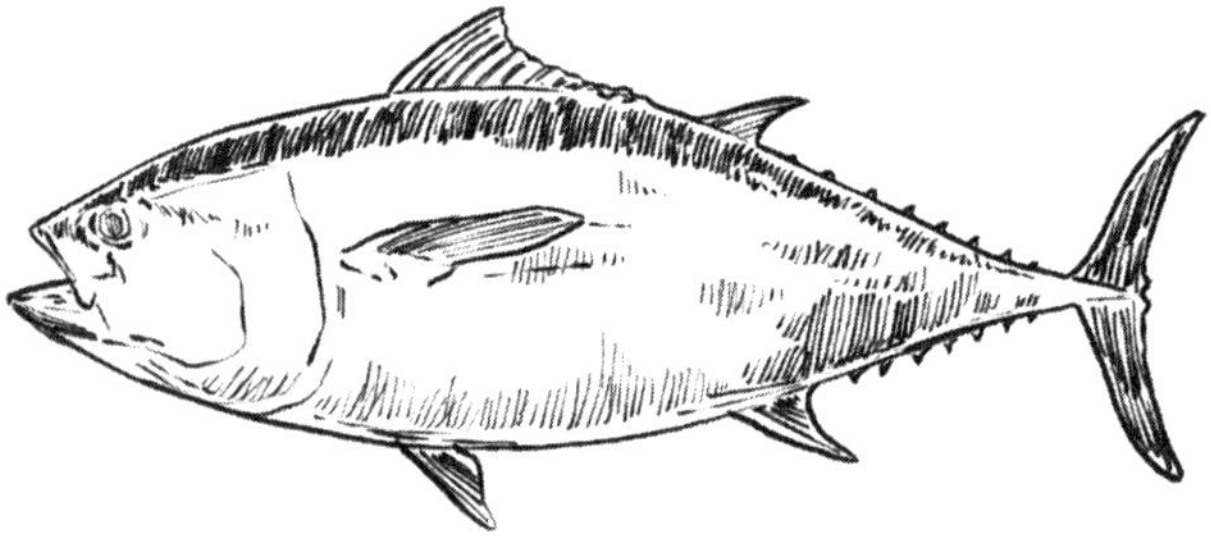

の魚であり、本州以南で主に漁獲されていました。北海道は水温が低いため、カツオの生息に適していないと考えられていました。それが、北海道近海でもカツオの回遊が確認されるようになったのです。札幌の「鮨 一幸」の工藤順也さんは、昔、北海道でカツオが取れるようになったら海も終わりだね、と冗談でいっていたそうですが、それが現実となったのです。

魚の回遊ルートが変わることの影響は、単純ではありません。たとえば、マグロというと、大間のマグロが有名です。冬になると寒流と暖流がぶつかる大間沖にマグロの主食のイカが流れ込んでくるため、そのイカを食べてマグロがおいしくなるからです。ただ、ここ数年は、津軽海峡に入ってくるイカの量が減っています。ほんの10年ほど前までは、12月になると大間のマグロがピークに達し、驚くほど力強い味わいがあったものでした。それが今は、おいしいことはおいしいものの、そのピーク感は薄らいだように思います。また、「大間まぐろ」の定義も2022年に変更され、大間沖で取れたものだけでなく、日本海や太平洋のものも、大間港に水揚げされたら「大間まぐろ」となりました。イカの回遊ルートが変わることで、マグロの生息地や味わいに大きな影響が及んでいるのです。

そして、これは、マグロが花形である江戸前鮨のあり方にも影響を与えます。マグロの風味が昔ほど強くならないとすると、強い魚介を前提とした酢飯が合わなくなるかもしれない。酸味が穏やかな酢や、癖が少ないもののほうが合う、となるかもしれない。地球の温暖化が、今後の鮨の方向性にも大きな影響を与える可能性があるのです。

マグロについてもう一点お話しすると、近年、冷凍・冷蔵技術が目覚ましい進歩を遂げており、鮮度保持や品質向上に大きく貢献しています。日本を代表するような鮨屋でも、海外産のマグロを見かけることが増えました。冷凍マグロと、生のマグロを比較すると、同時に食べ比べたら違いはわかりやすい。でも、お任せの流れの中で状態の良い冷凍マグロだけ出されたら、特に違和感を感じずに楽しめるはずです。また、火を入れたり手を加えて料理にしてしまえば、なおさら違いはわからなくなる。ですから、お店のポリシーとして海外産の冷凍・冷蔵マグロを選び取って使っている場合、僕は一切ネガティブな印象を持ちません。解凍技術がさらに進歩すれば、冷凍・冷蔵はより一層普及すると思われます。

冷凍・冷蔵に加えて、養殖も将来的に重要性が増すと思われます。中でも、鰻は養殖技術が発達していて、必ずしも天然のほうが上とはいえない状況になっています。一般的な養殖物を白焼きで食べると、どうしても鰻に食べさせているエサと油の風味を感じてしまうことがある。個人的には、人工的な感じがするし、またこの味か、と思い出してしまうので、好きではありません。ただ、一部の優れた生産者による鰻は、その人工感がほとんどありません。それはエサによるものなのか、それとも育て方によるものなのかは、素人の僕にはわかりませんが、いずれにしても、養殖の弱点がカバーされつつあります。また、上質な養殖鰻を白焼きではなく、タレをつけて蒲焼きにしてしまえば、なおさら差はなくなります。蒲焼の場合、食べ比べてみて、養殖のほうが上、と思うことすらあります。

これはジビエなどにもいえることですが、天然の場合、どうしても個体差があります。上質なものは感動的なまでに素晴らしい一方、そうでないものは驚くほど風味がのっていなかったり雑味が強かったりする。天然で上質なものにありつければラッキーですが、そうでないものは、トップ生産者による養殖に敵わない。客の立場では、食べる前に個体を見極めることは不可能なので、結局は目利きしているお店を信用できるかどうかで選ぶ、ということになるかと思います。


続いて、ジビエです。ジビエは近年注目を集めており、提供するお店も増えていますが、昔は臭いというイメージが強かったように思います。僕の両親がまさにその世代なのですが、他に食べるものがなかった時代、しょうがなくジビエを食べさせられた記憶がある年配層は、いまだに抵抗がある人が多いようです。その理由は、狩猟の目的が食肉ではないことも多く、適切な狩り方や処理がなされていなかったことが挙げられるかと思います。

それが、最近では食肉を目的とした狩猟の増加や、適切な処理技術の普及、ジビエを扱う食肉処理施設の増加によって、処理が格段に向上するようになりました。

逆に、昔の処理が悪いジビエを知らない若い世代は、ジビエが臭いという印象すらないと思います。先日、僕の母を滋賀の名店「比良山荘《ひらさんそう》」に連れて行って名物の熊鍋を食べさせたところ、癖がなく美味しいことに驚き、ジビエが好きになったようです。

野生鳥獣による農林業被害が増える中で、害獣として駆除される野生鳥獣は、そのまま破棄されることも多いそうです。それを、ジビエとして生かすことは、ある意味フードロスの削減でもあります。害獣駆除自体は人間の都合なので、さまざまな意見があるかもしれませんが、現実に駆除されているのなら、それを資源として有効活用したほうがいいと僕は考えています。

害獣駆除といえば、先日、イタリアでユニークな店に行きました。ベネチアにある「ヴェニッサ（Venissa)」です。ベネチアは昔、海運国家だったことで知られていますが、今でも世界中の船が入港することで、船にくっついて、世界中の魚や貝が入ってくるのだそうです。そして、外来種によって、ベネチアの固有種が生存を脅かされている。そういう外来種は、駆除対象になっているらしいのですが、そのほとんどは有効活用されることなく、捨てられているそうです。そのことを知ったシェフが、外来種を食資源として捉えて、もともと生息していた地域の料理を参考にしつつ、独自のイノベーティブな料理に落とし込んでいます。

地元のものを使う、という考え方からすると、確かに地元にあるものだけれど、外から来たものでもある、という複雑なことになります。ただ、こういう不都合な問題も含めて、ベネチアの今を料理を通じて知る、そしてサステナビリティのあり方について考えさせられるという意味で、大変意義深い試みだと思います。

生産者に求められるマーケットの視点

食材について考察するうえで、生産者の話は避けて通れません。よくいわれていることですが、近年、日本の食料生産現場は深刻な課題に直面していて、中でも生産者の高齢化と跡継ぎ問題が農業の存続を脅かしています。大きなテーマなので、あくまでレストラン、中でも美食の世界に関係するところだけでいうと、今後一層、いかに高付加価値なものを生み出していくか、というところが大事になっていくと考えています。

農協を前提とした既存の仕組みは、ビジネスに安定性をもたらします。ただ、それだと基本、いくら良いものを作っても、そうでないものと同じ価格でしか売れない。つまり、より良くする金銭的なインセンティブがない。コストを下げることに注力してコモディティを大量生産するのであれば、それでいいと思います。ただ、ガストロノミーを追求するレストランが使うような高付加価値なものを生産するのであれば、自ら活路を見出す必要があります。つまり、生産者自身や生産物のブランディングと独自の販路・顧客の開拓です。ここで求められるのが、プロダクトアウトではなく、マーケットインの発想です。

これは農業だけに限ったことではありませんが、日本が誇る「ものづくり」の弱点として、良いものを作っていれば売れる、という信仰があると思っています。このプロダクトアウトの発想には、いくつかの問題があります。まずは、生産者にとってよいものが、必ずしも消費者（外食の場合、直接的には料理人、間接的にはお客さん）が求めているものと合致している保証はありません。次に、より良いものができたとして、それを作り出すのにかかった費用が消費者が払いたいと思えるものではなかったら、売れません。

この話は、第一次産業以外に従事している方にとってはあまりにも当たり前で、釈迦に説法かと思います。ただ、第一次産業に関していうと、意識されていないことが多いのです。たとえば、地方自治体が野菜や肉、魚を売り出したいというときに、東京でプロモーションのイベントをすることがあります。僕もたまに呼んでいただけるのですが、いかに生産者が頑張っているか、その土地が恵まれているか、その生産物が素晴らしいか、の発信しかないことがほとんどです。これの何が問題なのか。それは、消費者は数多くの選択肢がある中でどれかを選び取っている、という観点が抜け落ちていることです。どの地方も横並びで、うちは素晴らしい、というう。これでは、選び取るうえで何の参考にもなりません。これは、日本の良さを海外に発信する、という試みがほとんど失敗しているのと同じ構図です。

僕は「発信」という言葉を使うときに、気をつけるようにしています。「発信」というのは情報を発することであって、相手が「受信」するかどうかはその言葉の意味に含まれていない。完全に一方的な言葉なのです。だから、得てして地方自治体が広告代理店に大金を払ってYouTube動画を作ってもらって「発信」したけど、全然回らない（視聴回数が伸びない）、もしくはバズったとしてもそれがどうブランディングに貢献したのか全く不明、ということが起きるのです。

「受信」する側の視点で考える、つまりマーケットインの発想があれば、まずは消費者のことを知ろうとするでしょう。どういうものをどういう価格で必要としているのか、だけでなく、消費者が比較対象とする競合はどこで、何か、というのも大事です。第一次産業の生産者で、競合を意識している人はどれだけいるでしょうか？　地方自治体も同じです。自分の県の生産物が、どこの生産物と競合していて、強みと弱みは何かを把握しているでしょうか。こんなことは、第一次産業以外であれば、初歩中の初歩ですが、この発想が欠けている「発信」がいかに多いことか、と思います。

レストラン業界で、ハーブといえば広島「梶谷農園」の梶谷譲《ゆずる》さんが有名です。彼の農園を見学させてもらったときに話を聞いたのですが、彼の強みはまず英語が話せること。西洋料理のレストランが必要とするハーブの種を、いち早く海外から入手することができます。次に、顧客であるレストランが使うハーブを欲しいサイズで欲しい量だけ提供していること。プロダクトアウトの発想の農家なら大きく育てしまいがちなハーブでも、レストランが使いやすいサイズに留めて、出荷する。これができるのは、彼自身が頻繁にレストランに食べに行って、実際に皿の上でどう使われているか、ひいては料理のトレンドが今後どうなっていくかを把握しているからです。このマーケットインの発想で、レストランのメニューに「梶谷農園」と載るくらい、梶谷さんはブランディングに成功しました。

もちろん、よいものを作ることは大事です。ただ、これは日本の生産者は得意なことなので、すでにできていることが多い。であれば、そこにマーケットの視点が加わることで、より高付加価値化できるのではないかと思っています。

今、地方が面白い！

近年、東京一極集中が進む中、地方のレストランシーンが静かに、しかし確実に熱を帯びています。東京と比べて選択肢こそ少ないかもしれませんが、個性豊かなお店が多い。東京は素晴らしいお店がたくさんありますが、今日本国内でエキサイティングなのはどこかと聞かれたら、僕は地方と答えています。

この地方レストランシーンの盛り上がりに大きく貢献しているのが、ソーシャルメディアの存在です。以前であれば、田舎に個性的で素晴らしいレストランができても、その存在が全国に知られるまでに数年かかってしまった。その間に潰れてしまったり、料理人の心が折れて意欲的な料理を止めてしまったりという事例が、過去にはたくさんありました。しかし、今では半年もあれば、日本中どころか世界中の人々に知れ渡る時代になりつつあります。


そもそも、美食先進国であるイタリアやスペインでは、国を代表するような名店は都会から離れた場所にあるものでした。逆にミラノやマドリードなどの大都市にはこれといった店は少なく、美味しい料理を求めて車で2時間かけて食べに行くのは普通のことでした。最近はこれらの都市のレストラン事情も激変して、良い店も増えていますが、都会の喧騒を離れて、田舎で美食を楽しむのは、いまだにこれらの国の食文化の一部です。

僕は、年に何度もイタリアやスペインでレンタカーを借り、こうしたレストランを巡っています。都会から離れた場所にこそ、独自の魅力を持つレストランが存在し、それを発見するのが楽しみなのです。この経験から、日本にも同じように良い店が地方にあるはずだという確信を持つようになりました。

2020年の末に、ジャパンタイムズの末松弥奈子《すえまつみなこ》社長から、日本のレストランを世界に紹介するアワードを作りたいという相談を受けました。僕は、本田直之さん、辻芳樹さんと議論を重ね、あえて都会から離れたところにあるレストランに光を当てるアワードにすることを提案しました。コロナ禍が落ち着いたらインバウンドが増えることはその時点で見えていたので、東京や京都など主要都市だけでなく、地方も訪れてほしい。そして、まだ知られず孤軍奮闘している素晴らしいレストランを応援したい。そういう思いでした。

2024年度までで合計40軒のお店が受賞しましたが、離れた地方にあるお店同士の交流も生まれているようです。そして、海外のフーディーからも、このリストを参考に地方を回り始めていると聞くことも増えました。喜ばしい限りです。

単一のお店だけでなく、ある地方のレストランシーン全体が盛り上がるためには、料理人同士や生産者との交流が効果的です。同じ地域で活動する料理人が、食材の情報交換やイベントの共催などを通じて互いに刺激を受け合い、切磋琢磨することが重要です。

一例として、富山県では「レヴォ（Cuisine régionale L'évo）」の谷口英司シェフが中心となって、「チーム富山」と呼ばれるくらいに料理人同士が積極的に交流しています。使いたい食材があるけれど、生産者にそれを作ってもらうようお願いするには量が少なすぎる。そういうときに、複数のお店でその食材を活用することで、生産者としても経済合理性がある形で協力できるようになる。また、チーズを作るために山羊を育てている生産者さんから、乳を出さない雄の仔山羊をもらい受け、料理する。こういう相乗効果と補完関係が、富山のレストランシーンを盛り上げています。

もうひとつ、ガストロノミーが盛り上がっている事例が、静岡県です。静岡がユニークなのは、卸である「サスエ前田魚店」の前田尚毅さんが中心となっているところです。5章で触れましたが、前田さんは、漁師と連携してよりよい形で魚が市場に届くよう、働きかけています。また、それを市場の一角で処理し、車で数分の距離のお店に運び、そこに近隣でお店を営む料理人たちが取りに来る、という流れを確立しました。サプライチェーンの上流にいる漁師と下流にいるシェフの間には、距離があるのが一般的ですが、前田さんはその真ん中の立ち位置で両者をつなぎ合わせ、サプライチェーン全体を底上げしている。これが、静岡においてガストロノミーが盛り上がっている理由だと思います。

新潟県も昨今注目を集めていますが、新潟のキーパーソンは、クリエイティブディレクターの岩佐十良《いわさとおる》さんです。東京出身の岩佐さんは、新潟に移り住み、「里山十帖」など複数のオーベルジュを展開しています。そして、「ローカル・ガストロノミー」という言葉を生み出し、新潟を含む地方の食の魅力を発信してこられました。中でも特筆すべきが、岩佐さんが総合プロデューサーとして立ち上げた「新潟ガストロノミーアワード」です。岩佐さんが代表理事を務めるローカル・ガストロノミー協会と新潟県観光協会が主催で、新潟県内の優れたレストランや宿を表彰する、というものです。一般的に、行政は産業全体を応援することはできても、その中の特定の事業や個人に光を当てるのは、その公的な性格から難しい。いくら公平に審査しても、そこから漏れる店や人からは不満が出るからです。ただ利用者は総花的な情報など欲していません。必要なのは、どこの店に行くべきなのか、という質的な情報なのです。よって、これが実現できたのは地方におけるブレイクスルーであり、他の地方自治体にとって示唆に富む事例ではないかと思います。

すでに触れましたが、地方の美食がもっと文化的な意味で面白くなるために、個人的には、郷土料理に注目しています。郷土料理は郷土史家や料理研究家の方々が主に研究されていて、毎日厨房で働いている料理人とは距離が遠く、交流が限定的なのではと推察します。この研究と実践をつなげることで、料理人が郷土料理への理解を深め、現代に生きる料理として再構築することができないか、と思っています。これは、「ノーマ（Noma）」のレネ・レゼピがデンマークで廃れつつあった発酵と採取の伝統を再発見したのと同じ構図です。郷土料理が蘇ることで、地方のガストロノミーはもっと豊かになる、僕はそう思っています。

サステナブルに食べる

サステナビリティは、飲食業界のみならず、将来を考えるうえで最重要な課題ですが、ここではレストランのサステナビリティに絞って考察したいと思います。

美食が受け継がれ、発展していくためには、レストランというビジネスモデルがサステナブルであることが大前提となります。うまいものを食べるだけなら、レストランは究極不要です。でも、料理人というクリエイターが作り出す文化的体験を食べ手が鑑賞する。そして、その体験には料理だけでなく、ドリンク、設え、サービス、その他コミュニケーションが含まれる。これを可能にするためには、レストランが必要です。

レストランのサステナビリティを脅かす問題は、さまざまです。すでに触れた人材不足や経営の問題といったビジネス面の課題もありますが、食材のサステナビリティも同じくらい重要です。

食材を守るために、レストランは何ができるか。まずは、資源量が十分なのに、口に入ることが少ない食材の活用です。代表的なものとしては、未利用魚が挙げられます。文字通り、食材として利用されていない魚介のことです。日本の漁獲量は、1990年から減り続けていますが、世界の大半の地域において、全漁獲量の30％程度が破棄されているそうです。これらを生かすことができれば、生産者にとって大きな経済的メリットがあります。ただ、現状破棄されている魚介は、当然、値段がつかないから破棄されているわけです。一般消費者がこれらを美味しく食べることは難しくても、プロの料理人であれば立派な食材に仕立てることができる可能性があります。

たとえば、ミシュラン三つ星を獲得する「茶禅華《さぜんか》」の川田智也シェフは、大分で開催されたダイニング・アウトというイベントで料理したとき、ミシマオコゼという未利用魚に出会いました。今では、これは当店の名物料理として定着しています。これぞ、プロの料理人ならではの技術を生かした社会貢献ではないでしょうか。

次に、資源量が減っていると目される魚介について、サステナブルに消費する、ということです。たとえば、天然のニホンウナギは絶滅危惧種に指定されています。区分としては上から二番目、つまり「ごく近い将来における野生での絶滅の危険性が極めて高い種」ではないものの、「近い将来における野生での絶滅の危険性が高い種」です。

では、絶滅の危険性が高いから、食べるのを一切止めてしまえばいいのか。僕は、そうではないと思っています。というのも、全くその食材を食べなくなってしまうと、人々は関心をなくしてしまうからです。食べられるからこそ、食べ続けたいからこそ、その食材についてみんなが考えるのです。だから、サステナブルに食べ続ける、これが大事だと思っています。

それはつまり、漁獲量が減る、そして価格が高騰する、ということになります。それでも、一生食べられなくなるよりは、いいのではないでしょうか。毎月食べていたものを、3カ月に1回、あるいは半年に1回に減らす。これにより、消費のペースを抑えつつ、食材への関心を持ち続けることができます。今まで食べていたものが、高価になって手が届きにくくなる。いい気持ちではありませんし、文句をいう人もいます。ただ、「庶民の口に入らなくなる」という錦の御旗のもとで、いかにサステナブルでない漁業が今まで行われてきたか。一生食べられなくなったら何の意味もない、僕はそう思っています。

おわりに

フーディーとして生きるということ

背伸びのすすめ

もう十分、豊かだし、これでいいじゃないか。日本にいると、そういう空気を強く感じることがあります。新しい体験をすることで、大きな楽しみが得られるかもしれないのに、そこに踏み出そうとしない。背伸びしなくなっている印象がある。身の丈でいい。頑張って未知の世界に飛び出すより、頑張らずに快適なコンフォートゾーンにいればいい。昨今、海外への留学生が減少しているというデータがあるようですが、明らかに日本では内向き志向が強まっています。

日本は、良くも悪くも「身の丈がいいよね」という国になってしまっているのだと思います。それは、もう成長しなくなっている社会、成熟した社会の特徴です。

逆に、発展途上国には、これから先もいろんな可能性が無限に広がっていくかのような空気感（錯覚ですが）があるからこそ、背伸びをする。背伸びというのは、ある意味、先行投資です。何か面白いことにつながるかもしれないから、やったことがないことをやってみようという気持ちが生まれるのです。

僕は、背伸びしないのは、もったいないな、と思います。自分が知らない世界に飛び込むと、最初は馴染めなかったり居心地が悪かったりします。でも、徐々に慣れていくと、楽しくなってきて、新しい世界が広がる。海外に留学したことがある方は、この感覚、おわかりではないかと思います。

そして、ハードルが高いものほど、奥が深い。これは、なんでも当てはまると思うのですが、ハードルが低いものは、誰でもすぐに入れる代わり、浅くてすぐ飽きる。ハードルが高いものは、中に入れてもらえるまでに時間や労力がかかったりするけれど、一旦入ると奥が深くて飽きない。ハードルが高いものに背伸びしてチャレンジする、その結果として人生が豊かになることがあると思っています。

世界の美食を楽しむのも、ハードルは高いかもしれない。本編で触れましたが、国によっては、塩味や苦味、酸味が強かったりする。食感も慣れない。未知の食材が出てくる。そのうえ、量も多い。だから、フレンチにしてもイタリアンにしても日本で食べるのが一番、という日本人はたくさんいます。美味しい必要がなく、「うまい」で十分なのであれば、それでいいと思います。でも、背伸びして未知の味覚を理解しようと努力することで、味覚の幅が広がり、違和感しかなかった料理の魅力が理解できるようになる。背伸びが報われて、自分の世界が広がる。この感覚には、格別なものがあります。

日本国内でも同じです。伝統的フランス料理に代表される、文化的背景を前提とした料理よりも、前知識なしでも１００人が１００人ともうまいと感じるわかりやすい料理のほうが、人気を博しています。高級食材てんこ盛りのまずくなりようがない組み合わせだったり、脳天を直撃するような強烈なうまさだったりが、好まれる。もちろん、そういうハードルの低い料理も必要です。誰もが食に興味があるわけではないし、ましてや美食の追求に時間と労力を割きたい人など一握りでしょうから。でも、もし美食の世界を探求してみたいと思うのであれば、知的好奇心の赴くままに背伸びをして、ハードルの高い世界に挑戦してみてはいかがでしょうか。単においしい、おいしくないを超えた、世界が広がって人生が豊かになる感覚が味わえると思います。

フーディーという生き方

フーディーは、レストランで食べることを目的に、世界中を旅しています。食べたものやレストランなどについてメディアで発信することもあり、それで対価をもらうケースもあるかもしれません。しかし、1食数万円という食事も珍しくなく、食べるための出費を考えると、入りと出は間違いなくバランスしていません。

したがって、自分自身が飲食業に携わっている人以外は、収入は他で確保している、というケースがほとんどです。その意味では、職業というよりもウェイ・オブ・ライフ、「生き方」ということになるかと思います。

僕はアメリカの大学を卒業後、外資系の投資銀行に入社。投資ファンド2社を経て独立し、現在はエンターテインメントやホテルグループ、フードテックなど複数の企業のアドバイザーやスタートアップへの投資を行っています。

東京に家はありますが、オンラインでの仕事も多いため、まとめて海外や地方都市に出かけることが少なくありません。1年間をトータルで見れば、おおよそ海外が5カ月、地方都市が4カ月、東京の滞在は3カ月程度になります。

そして、ほとんど毎日、どこかのレストランやお店で食べています。この原稿を書いている少し前には、イタリアに2週間行っていましたが、最終日の夜を除いて、14日の滞在のうち昼と夜、計27の食事をすべて予約したレストランで食べました。

基本的に朝は食べないのですが、オーベルジュと呼ばれる宿泊機能を備えたレストランに泊まると、朝ご飯も食べるべき食事だったりするので、それも合わせると、2週間で35回は食事したと思います。海外と地方の9カ月が1日平均2・5食、東京の3カ月が平均1・5食なので、平均すると1日2・25食、年間800回以上外食していることになります。世の中には年間1000軒以上食べ歩いている人もいるので、フーディーの中では飛び抜けて多くはありませんし、数が多いだけではなんの意味もありません。ただ、フーディーでない方から見れば、理解不能な外食回数ではないかと思います。

よくいわれるのが、「よほどお金と時間があるんですね」「贅沢なライフスタイルで羨ましい」。世の中には、お金と時間があり余っているから世界中を旅して食べている人もいるでしょう。ただ、多くのフーディーは、他の趣味や生きがいに打ち込んでいる人と変わらず、特に富裕層ばかりではありません。単純に、お金を使うプライオリティの問題なのです。

僕は、日本人の平均よりは所得が高いとは思いますが、それでもこのライフスタイルを維持する形でしか仕事を受けられないので、金融業界に残っていたことを考えたら収入は格段に低い。「親がお金持ちなんでしょ」とか、「金融時代の貯蓄があるんでしょ」といわれることもありますが、親は地方公務員だったし、先祖代々の遺産もありません。金融といってもトレーダーやセールスではなく投資銀行やファンドで、かつ10年で辞めたので、そこでの蓄財も少なかった。そして、なけなしの貯金のほとんどを2年間の世界一周の旅で使ってしまいました。

では、なぜ僕が世界中を食べ歩けているのか。それは、いろんなものを犠牲にして、食と旅に全振りしているからです。自分が興味がある特定少数のこと以外に、全くお金を使っていない。ちなみに2024年で50歳を迎えましたが、いまだに独身です。今のライフスタイルを続ける限り、結婚したり、子育てをすることは難しいかもしれません。ふと思い立って、週末から2週間イタリアに行ってくるね、というのは特に小さい子どもがいたら許されないであろうことは、未婚の僕でも想像できます。だから、もし僕のライフスタイルを羨ましいと思うなら、結婚を諦めて、子どもを諦めて、車や時計を諦めて、他の趣味も諦めて、食以外の出費を最低限に押さえればいい。そうすれば、全く同じでないとしても似たような生活は誰でもできるようになります。ただ、そんな偏った生活は絶対におすすめしないし、ほとんどの人はしたいとも思わないでしょうが……。

知的好奇心の奴隷

そもそも、何が僕をフーディーという生き方へと駆り立てているのか?

それは、一言でいえば、知的好奇心です。「知りたい」という欲求が僕の中で暴走していて、制御できていないのです。

食に対してもそうですし、実は旅に対してもそう。もっといえば、僕は音楽も含めたエンターテインメント全般、文化的なものを享受するのが、とても好きなのです。夏は音楽フェスに毎週末のように行くのですが、レコード会社の人でもそんなに行かないよ、と関係者から苦笑いされるくらいにくまなく回ります。

音楽など文化に接していたり、旅をしていたり、食べているときこそが、生きている感覚が得られます。今を生きているな、と思える。

同じ場所にずっと佇んでいると、水が流れていない、澱んだ感覚が自分の中に生まれてしまいます。だから、食を求め、音楽を求め、旅に出るのです。


量をたくさん食べたいわけではありません。おそらく、人よりは多めに食べられるのは事実だと思います。また、同じ量を食べても、太らない体質でもあると思います。ただ、回数を多く食べるので当然、胃も疲れます。スペインでファインダイニングに行くと、昼4時間、夜4時間、ひたすら食事し続けることになるので、座っているだけでもなかなか過酷です。

もっといえば、長時間のフライトでようやく着いた海外でも、そこからレンタカーなどを使って、どんどん移動しますから、体全体が悲鳴を上げています。移動が多いと腰や肩、背中がひどい状態になります。2カ月で3回、ぎっくり背中になったこともありますし、時差ボケが重なって鬱っぽくなったこともあります。世界中を食べ歩いているというと、優雅だねと羨ましがられることもありますが、内実は毎日必死です。

実は、お腹を満たしたいという物理的欲求としての食欲は、人より少ないのではないかと思っています。昔から、お腹がすいたから食べるというよりは、食事の時間になったから食べるという感じです。さすがに36時間何も食べないと何かお腹に入れたくなりますが、24時間程度なら何も食べなくても平気です。

それでも食べる。それは、まさしく知的好奇心からくる欲求です。どんなレストランが世の中にあるのか。どんな美味しいものがあるのか。シェフは何を考えて作っているのか。知りたくて仕方がないのです。

旅先で体は疲れていても、せっかくこの街に来たんだからこの美術館は行かないと、という思いが起こったりしませんか？　僕の場合、それが毎日なのです。心も身体も悲鳴を上げているのに、好奇心が勝つ。ネジが外れているのだと思います。

本当は心と身体のメンテナンスに力を入れるべきなのですが、根が興味のあることしかできない性格なので、軽い運動すらしていません。最低限心がけているのは、自分にとって食べる意味があるもの以外はとにかく食べないということです。

ちょっと小腹がすいたから、そこら辺にあるものを適当に食べる、ということは絶対にしません。それなら、抜いてしまう。何も食べない。

なぜなら、胃袋は有限の資源だからです。何でも口に入れてしまうと、その分食べる意味があるものを食べられなくなってしまう。時間の使い方と同じで、選択と集中です。

食べる必要がないものを食べて胃袋を使ってしまったときは、必要がないものを買ってお金を無駄遣いしたときくらい嫌な気分になります。逆に、何も食べないのは、胃を休めていることになるので、貯金したような感覚になります。45歳を過ぎて年一度はファスティングをするよう自分に課していますが、美味しいものがないなら何も食べないのは全く苦痛ではありません。

唯一、目的意識を持たずに食べているものは、海外へ出発する前の航空会社のラウンジで食べるカレーとうどん、そして機内食くらいです。海外のいつ行けるかわからないレストランの紹介よりも、機内食のほうが友人からの反応が多いので、特に日系航空会社の場合はたまに食べてインスタグラムにアップしています。

よく変わっているねといわれますし、多分そうだろうなとは自覚していますが、何かに人生を全振りしている人はジャンルが違っても似たような感覚をお持ちではないかと想像します。
僕は外食に特化していますが、何かひとつのことを知的好奇心の赴くままに掘り下げることでどれだけ人生が豊かになるか、この本を読む中で少しはお伝えできたとしたら幸いです。

謝辞

僕の人生を振り返ると、こんな変人な自分を大目に見たり、かわいがったり、導いたりしてくださる皆さまなしには、今の僕はないと断言できます。全員のお名前を列挙するにはスペースが到底足りないので、この本ができあがるうえで直接的にお世話になった方に、謝辞を捧げたいと思います。

まずは、この本を作ろうと提案してくださった、編集者の和田泰次郎さん。和田さんが僕のことを知ったのは、平野紗季子さんのラジオにゲスト出演したのがきっかけだそうで、平野さんにも感謝です。そして、本の編集に協力くださった上阪徹さん。上阪さんを紹介してくださり、本のマーケティングの観点からアドバイスをくださった本田直之さん。このプロジェクトを全面的にバックアップしてくれた、マネジメントをお願いしているスタイリズムの森中崇之さん、工藤千勢さん。YouTubeチャンネル「UMAMIHOLIC」の立ち上げからコミュニティの開設まで携わってくださっている「UMAMIHOLIC」チームの皆さん。そして、昔出版を考えていたときに相談に乗ってくださった、山田俊太朗さん。

もともと10年以上前から出版を薦めてくださったのは、音楽評論家の吉見佑子さんでした。吉見さんは、頼りない僕をいつも気にかけ、応援してくださっています。そして、吉見さんのご縁でお仕事をさせていただくことになったエイベックスの松浦勝人会長にも、いつもかわいがっていただいています。僕が世界を食べ歩いていてなかなか東京にいないときでも、「俺も好きなことやってきて今があるから」と応援してくださっているのが、本当に心強いです。また、松浦さんのご紹介で、幻冬舎の見城徹社長ともご縁をいただきました。見城さんは、お会いするたびに気にかけてくださっていて、そのお気持ちに感謝しています。

そして何より、レストランという場がなければ、僕のフーディーとしての人生はありませんでした。レストランという文化を成り立たせているシェフ、サービス、生産者、卸、その他関係者の皆さんに、お礼を申し上げたいと思います。特に、本文に登場するお店の皆さんには、いつも本当にお世話になっています。中でも、推薦文をくれた「ノーマ」レネ・レゼピシェフには、感謝してもしきれません。

本書を通じて、僕はいろんな偉そうなことをいっていると自覚しています。お前みたいな若造が、と先輩にお叱りを受けたら、おっしゃる通りです、としかいえません。なぜなら、10年前の僕は、今の僕から見たら何もわかっていなかった。ということは、10年後の僕は、今の僕を見て何もわかっていなかった、と振り返ることになるのが目に見えているからです。将来後悔するであろうことはわかっていますが、2024年に50歳を迎えた節目として、これまでの人生で考えてきたことを、不完全ながらとりまとめました。本書の出版が、僕を支えてくだっている皆さまへのひとつの恩返しになるとしたら、これ以上嬉しいことはありません。

2024年6月　浜田岳文

巻末特典

世界のベストレストラン50に載っていない

世界の注目すべきレストラン50

海外を食べ歩く人の多くは、「世界のベストレストラン50（以下50ベスト）」を参考にしていると思います。ただ、50ベストに載っていないお店でも、同じくらい訪れる価値のあるお店は世界にたくさんあります。それらの多くはOADのリストにありますが、OADだと軒数が多すぎて、どこに行くべきか迷う。そういう人を念頭に、50ベストに載っていない50ベストを僕なりに選出してみました。

傾向としては、
- 51位以降には入ったことがある、50入り間近のお店
- 50ベストはイノベーティブなお店が選出されやすいのに対して、クラシックなお店
- スペインの場合、食材フォーカスのお店（50ベストにランクインするElkano以外にもスペイン中にあります）
- 評議員のほとんどがまだ行っていないであろう、アクセスが困難なお店

が混在しているかと思います。

この原稿を書いているタイミングでは2024年度のランキングは発表されていないので、もしかしたら何軒かはランクインする可能性もありますが、それくらいいつ脚光を浴びてもおかしくない店ばかりです。

Atelier Moessmer
「クック・ザ・マウンテン」をテーマに山の食材を余すところなく使うサステナブルな料理。50ベスト入りも間近か。

L'Argine a Vencò
スロベニア国境の町で、自然を感じさせる料理を提供する女性シェフの店。

Podere Belvedere Tuscany
フィレンツェ郊外で、肉に徹底的にこだわった料理に取り組む新進気鋭のレストラン。

Marotta
ナポリ郊外で、地元食材を生かした繊細な料理を提供している。ミシュランの星がついていないのが不思議な一軒。

ドイツ

Schwarzwaldstube
こちらも世界で五指に入るクラシックフレンチの老舗。

Waldhotel Sonnora
家族経営のエレガントなレストラン。こちらもクラシックなフレンチを楽しめる。

Tantris - Maison Culinaire
若手シェフが着任して再生したフレンチの名店。2つのレストランを包含している。

JAN
ドイツのガストロノミーの最先端をいくレストラン。フレンチのベースにドイツの郷土料理の要素も取り入れている。

スイス

Restaurant de l'Hôtel de Ville Crissier
20世紀最高のフランス料理シェフの1人として知られるフレディ・ジラルデが創業したレストラン。今のオーナーシェフはクラシックな料理を受け継ぎつつ、キュイジーヌ・モデルヌに仕上げている。

イギリス

The Ritz Restaurant
世界で五指に入るクラシックフレンチの名店。

St. JOHN
ノーズ・トゥ・テール(動物のさまざまな部位を使った料理)を世界に広めたパイオニア的レストラン。

L'Enclume
ロンドンから遠く離れたイングランド北西部の田舎で自家農園の野菜や地元食材を生かした料理を追求するイギリスNo.1レストラン。

Hjem
スウェーデン人シェフによる、イングランド北東部の食材を使ったニューノルディック。

イタリア

Zia
圧倒的なセンスと才能を感じさせる若手シェフによる、ローマを代表するイノベーティブレストラン。

daGorini
アクセスの悪い山の中で、その地ならではの食材を生かしたイノベーティブ料理を追求している、世界有数のデスティネーションレストラン。

Contrada Bricconi
併設された農場の産物含む、山の食材に特化した注目のレストラン。

Grow Restaurant
兄弟で営む小規模なレストランで、ジビエを多用した料理に取り組んでいる。

Grand Hotel a Villa Feltrinelli
普段はホテルの客向けに一般的なイタリア料理を提供しているが、宿泊して事前に予約すると提供されるイノベーティブなコースでミシュラン二つ星を獲得している、知る人ぞ知る一軒。

Els Pescadors
カタルーニャの港町にあるレストラン。徒歩で行ける漁港で仕入れた魚介を出してくれる名店。

Los Marinos José
アンダルシアの魚介を満喫するならここ、というくらい有名なレストラン。

Güeyu Mar
カンタブリア海の海の幸を生かした魚介レストラン。フレッシュなものだけでなく、調理法としての缶詰を突き詰めている。

D'Berto
ガリシアを代表する魚介専門店。ヨーロッパ最大級のアカザエビなど、ここにしかない食材にありつける。

フランス

La Marine
パリから5時間、西の果ての島にあるレストラン。フランス随一の魚介を生かしたナチュラルな料理が素晴らしい。

Les Prés d'Eugénie - Michel Guérard
ヌーベル・キュイジーヌの立役者の一人、ミシェル・ゲラールのレストラン。世界でブームになる遥か前から薪焼きに取り組んでいて、逆に新鮮に感じる。

Restaurant Régis et Jacques Marcon
キノコの魔術師と異名を取るシェフのレストラン。秋に訪れてキノコを中心とした地元の自然の恵みを堪能したい。

Troisgros
親子三代にわたってミシュラン三つ星を維持し続けるフランスを代表するレストラン。料理は現代的で、ハーブや発酵の酸味を生かしている。

La Vague d'Or
50ベストにランクインするパリ「プレニチュード」のシェフが兼任しているレストラン。個人的にはこちらの料理のほうが地域性があって好み。

スペイン

Cocina Hermanos Torres
世界中で修業したシェフ兄弟による、三つ星レストラン。スペインの現代料理をベースとしつつ、より普遍性のある料理。

Ultramarinos Marín
バルセロナを代表する食材フォーカスのレストラン。

Els Casals
カタルーニャの田舎で農業を行いつつ、育てた家畜や野菜を使った料理を提供している。

BonAmb
スペイン現代料理ではあるが、フランス料理の古典も踏まえている。海の近くにありつつも、野菜や肉料理も素晴らしい。

Bagá
日本のレストランを思わせる小さなキッチンから、その日に入荷した食材を尊重したナチュラルな料理が繰り出される。

Desde 1911
魚介の卸が経営するレストラン。スペイン中の最高の魚介がここに集まると言っても過言ではない。

Txispa
「エチェバリ」で長く修業した日本人が独立して同じ村に出したレストラン。薪焼きをベースとしつつ、日本の感性も生かしている。

Casa Julián
50ベストに入っている「エルカノ」が海のバスクなら、こちらは山のバスク。チュレタ（リブロースステーキ）の名店として知られる。

Bodega El Capricho
チュレタ（リブロースステーキ）が好きすぎて、自分で牛を飼うところまで進んでしまった料理人によるレストラン。映画『ステーキ・レボリューション』で世界第1位。

中国本土

Yong Fu
中国を代表する寧波料理の名店。伝統的な魚介と発酵の組み合わせを現代的に洗練させている。

Nan Xing Yuan
上海にあって、伝統的四川料理を追求する名店。四川料理＝辛い、という先入観を覆してくれる。

香港

Howard's Gourmet
現代的潮州料理の名店。繊細な味付けと美的センスが唯一無二。香港で食べる中国料理のイメージが一変する。

Forum
昔から鮑で有名な広東料理の老舗だが、代替わりして若いシェフが活躍している。

台湾

AKAME
台湾南部の少数民族の村で営むレストラン。アラカルトのみのカジュアルな店だが、少数民族出身のシェフによる自らのルーツを反映した料理が新鮮。

Sinasera 24
アクセスが困難な台東にあって、フランスの名店で修業したシェフが地元の食文化や食材を取り入れた料理に挑戦している。

アラブ首長国連邦（ドバイ）

Avatāra
イノベーティブなインド料理の新鋭。野菜料理の可能性を拡大するベジタリアンのコースが素晴らしい。

Auberge du Vieux Puits - Gilles Goujon
フランス南西部の田舎にあるミシュラン三つ星レストラン。家族的な雰囲気で、地元食材を使った料理を楽しめる。

Flocons de Sel
リヨン郊外の老舗の名店。山の食材を生かした自然を感じる料理が素晴らしい。

ベルギー

Bozar Restaurant
世界No.1のパイ包み（事前予約制）とパテ・アン・クルートで知られるクラシックフレンチの最高峰の一軒。

Willem Hiele
ベルギーの田舎の食材を生かしたコンテンポラリーな料理。わざわざブリュッセルから訪れる価値がある。

スウェーデン

Vyn
北欧を代表するシェフ、ダニエル・ベルリンによるニュー・ノルディック料理は世界有数。コペンハーゲンから2時間以上かかるが、旅をする価値がある。

デンマーク

Koan
韓国系デンマーク人シェフによる韓国とニュー・ノルディックのフュージョン。50ベスト入りが期待される注目の店。

Kadeau Bornholm
コペンハーゲンの店もおすすめだが、森と海に囲まれたロケーションで周りの自然を生かした料理を提供するボーンホルム島の店まで行く価値あり。

［著者］
浜田岳文（はまだ・たけふみ）
1974年兵庫県宝塚市生まれ。米国・イェール大学卒業（政治学専攻）。
大学在学中、学生寮のまずい食事から逃れるため、ニューヨークを中心に食べ歩きを開始。卒業後、本格的に美食を追求するためフランス・パリに留学。
南極から北朝鮮まで、世界約127カ国・地域を踏破。一年の5カ月を海外、3カ月を東京、4カ月を地方で食べ歩く。
2017年度「世界のベストレストラン50」全50軒を踏破。
「OAD世界のトップレストラン（OAD Top Restaurants）」のレビュアーランキングでは2018年度から6年連続第1位にランクイン。国内のみならず、世界のさまざまなジャンルのトップシェフと交流を持ち、インターネットや雑誌など国内外のメディアで食や旅に関する情報を発信中。株式会社アクセス・オール・エリアの代表としては、エンターテインメントや食の領域で数社のアドバイザーを務めつつ、食関連スタートアップへの出資も行っている。

美食の教養
——世界一の美食家が知っていること

2024年6月25日　第1刷発行
2024年11月20日　第5刷発行

著　者———浜田岳文
発行所———ダイヤモンド社
〒150-8409　東京都渋谷区神宮前6-12-17
https://www.diamond.co.jp/
電話／03·5778·7233（編集）　03·5778·7240（販売）
装丁デザイン——小口翔平+後藤 司（tobufune）
本文デザイン・DTP——阿部早紀子
イラスト———竹田嘉文
編集協力———上阪 徹
校正———円水社
協力———森中崇之、工藤千勢（Styrism Inc.）、UMAMIHOLIC
製作進行———ダイヤモンド・グラフィック社
印刷・製本———三松堂
編集担当———和田泰次郎

ISBN 978-4-478-11979-2